当代外国教师教育精品译丛

Edited by Betty E. Steffy, Michale P. Wolfe, Suzanne H. Pasch, Billie J. Enze

Life Cycle of the Career Teacher

ISBN 0 - 7619 - 7539 - X

北京市版权局著作权合同登记号：01 - 2012 - 1088

DANGDAI
WAIGUO
JIAOSHI JIAOYU
JINGPIN
YICONG

TEACHER

当代外国教师教育精品译丛　朱旭东　张斌贤　主编

教师的职业生涯周期

Life Cycle of the Career Teacher

〔美〕贝蒂·E.斯黛菲　迈克尔·P.沃尔夫　苏珊娜·H.帕施　比利·J.恩兹　主编

杨秀玉　赵明玉　译
饶从满　校

人民教育出版社
PEOPLE'S EDUCATION PRESS
·北京·

图书在版编目（CIP）数据

教师的职业生涯周期/（美）斯黛菲等主编；杨秀玉等译．—北京：人民教育出版社，2012．3
（当代外国教师教育精品译丛）
ISBN 978－7－107－22940－4

Ⅰ．①教… Ⅱ．①斯… ②杨… Ⅲ．①教师—职业—研究 Ⅳ．①G451

中国版本图书馆 CIP 数据核字（2012）第 042743 号

人民教育出版社出版发行
网址：http://www.pep.com.cn
人民教育出版社印刷厂印装 全国新华书店经销
2012 年 3 月第 1 版 2012 年 6 月第 1 次印刷
开本：787 毫米×1 092 毫米 1/16 印张：9
字数：130 千字 印数：0 001～3 000 册
定价：18.60 元
如发现印、装质量问题，影响阅读，请与本社出版科联系调换。
（联系地址：北京市海淀区中关村南大街 17 号院 1 号楼 邮编：100081）

《当代外国教师教育精品译丛》出版说明

教育要面向现代化，面向世界，面向未来。继续深化教育改革，全面推进素质教育，建立优质教师队伍，不仅需要继承我国教师教育的优良传统，也需要吸收和借鉴外国教师教育优秀成果。

人民教育出版社（教育部课程教材研究所）以推动人民教育事业的改革与发展为己任。长期以来，我们先后策划、编译出版了《外国教育名著丛书》、《比较教育译丛》等系列图书，在社会上产生了深远而广泛的影响。为了进一步推进教师教育实践发展和理论创新，我们又策划了一系列图书，《当代外国教师教育精品译丛》即是其中之一。

《当代外国教师教育精品译丛》由人民教育出版社（教育部课程教材研究所）教师教育课程教材研究开发中心发起，并与教育部人文社会科学重点研究基地北京师范大学教师教育研究中心、东北师范大学教师教育研究院共同组织翻译出版。

本《译丛》的具体宗旨是：第一，为高校教师教育学科建设提供文献支撑和思想借鉴。教师的素质和专业化程度直接影响教育质量，教师教育成为备受关注的热点问题，教师教育的学科建设有待进一步发展。第二，为师范生和中小学教师专业成长提供理论指导和技艺范本。新课程改革方兴未艾，一线教师面对机遇和挑战，无论是在实践中还是理论上，他们都迫切需要指导。第三，有选择地、结合实际地介绍世界教师教育研究的最新动态，吸收外国先进文化成果，促进我国教育科学研究水平的提升。

本《译丛》从酝酿选题到翻译出版，其间经历了三四年的时间。教育部有关司局、全国教师教育学会及中国教育学会教育学分会给予了大力指导和帮助。我国教育界许多专家、学者为《译丛》的出版倾注了大量心血。谨向关心、支持《译丛》的所有人士致以衷心的感谢。《译丛》的编辑出版或存在不足甚至错误，欢迎广大读者批评指正。

人民教育出版社
教师教育课程教材研究开发中心
2009 年 10 月

目 录

前言

公开发表言论，独立地思考，阅读与倾听、质疑和回答质疑，这是学者的职责。

塞缪尔·约翰逊（1709—1784）
《阿比辛尼亚王子——拉塞勒斯的历史》
（*The History of Rasselas*，*Prince of Abissinia*）

这本书的所有撰稿者都是密切关注青少年学生成长的职业化教师。他们全部都是关注教师培养以及教师持续专业发展的教师教育者和学者。《教师的职业生涯周期》代表着教育学者协会（国际荣誉教育学会）的几位成员的合作努力。他们的共同信念是所有的学生都应该得到最好的教师的教育。

强大的力量正在影响着教育专业。为了满足当前及预计的学生入学人数剧烈增长的需要，教师队伍必须迅速成长壮大。同时，教师中的人员损耗率因老教师退休、新教师离职（dropout）而正在上升。因此，教师供不应求。其他一些因素，例如，考试成绩下降、校园暴力、教育券、资金不足，也导致了教育者们所面对的挑战似乎日益严峻。

在对教师的职业生涯周期进行界定的同时，本书也是一种对行动的呼唤。我们相信，所有学生都应在成功组织起来的学校中得到称职、关爱、合格的教师的教育。

这本书强调教师在学习过程中的重要性，支持教师的所知、所为是影响学生学习结果的最重要因素这一观念。我们相信，教师的素质是决定学校质量的一个主要因素。直接关注教师持续性发展是保持我们专业品质的关键所在。

教师的职业生涯周期模型贯通了从职前培养到专业发展的实践连续体。它包含了课堂教师从第一次实习经验一直到退休的全部生活。这个模型由于跨越了五十多年的教师职业生涯，所以能够确保所有学生与专家型教师（尽管目前称得上专家型教师的还为数不多）之间的互动。

我们的模型期待所有的新教师在五年内达到专家型教师的水平，如果这些教师继续作为专业人员持续发展的话，那么这种水平会保持终生。

难道我们还有其他选择吗？学生们值得我们做到最好。

迈克尔·P. 沃尔夫

教育学者协会（国际荣誉教育学会）执行理事

致 谢

《教师的职业生涯周期》是有关保持终身教学工作卓越性的一本书。对于一群具有奉献精神的、热情的教师和教师教育者来说，这个项目已经变成了一种爱的劳动。4 位编辑与 18 位作者以及 3 位投稿者（contributors）一同工作了一年时间。作者们（他们都是国际荣誉教育学者协会的成员）都被列在本书另一处的名单中，他们代表着不同群体的教育者，正是他们的奉献才使得这本书成为现实。其中三位教育者为帮助形成本书提供了早期的洞见与反馈，他们是纽约菲尔波特（Fairport）的地方教育官助理加里·德博尔特博士、缅因州大学教育学副教授约翰·麦道斯博士、爱荷华州州立大学教育管理学教授芬威克·W. 英格利希博士。此外，全国和各州年度最佳教师所提供的经验也使得杰出教师一章大为增色。

教育学者协会的出版局，包括格兰特·E. 梅比、尼古拉斯·德雷克以及卡伦·艾伦，都提供了具有专家水准的编辑与反馈，这使得本书从内容到形式都做到了风格一致。我们感激教育学者协会的美术编辑卡伦·克卢茨克富于创造性的版面设计、文本编排。在写作的最后时期，行政助理马戈·布莱克提供了制作方面的协助与支持。

最后，感谢考文出版有限公司在本书的最终编辑、出版、发行过程中所发挥的作用。我们希望教育学者协会与考文出版有限公司的首次合作能够为未来的合作项目定下一个积极的基调。

现在到了因从事为人们生活带来积极变化的工作而寻求认可的专业人士广泛共享《教师的职业生涯周期》这本书的时候了。因为教学工作是一种需要一生都不断反思、更新、成长的职业，所以就更加需要一种对话，而本书将会使这种对话更加活跃。每个人都知道，教师的影响是永恒的，而且我们希望这种影响是积极的。每个班级都需要一位称职、关爱、合格的教师。为这一项目作出贡献的每个人都信奉这一目标，而且我们也非常感激他们为此所付出的努力。

贝蒂·E. 斯黛菲
迈克尔·P. 沃尔夫
苏珊娜·H. 帕施
比利·J. 恩兹

作者介绍

麦克尔·J. 伯森　南佛罗里达州大学中等教育系社会科学教育副教授。他的研究主要探讨社会科学教育方面的技能、教学中原始资料的使用以及倡导全球儿童观念。

简·S. 布雷　宾夕法尼亚州东斯特朗斯博格（Stroudburg）大学早期儿童与初等教育系副教授、主任（chairperson）。她讲授初等教育方面的本科课程、研究生课程。她的研究兴趣包括教学实习（student teaching）、实习教师（student teachers）、教师合作以及新教师的发展时期。

里克·A. 布劳尔特　印第安纳波利斯大学教师教育系教育学副教授。他讲授社会基础、课程发展方面的课程，并指导实习教师。他的研究兴趣包括职前教师思维和新教师入职指导（induction）中的学校与大学伙伴关系的作用。

鲁思·D. 坎波皮阿诺　新泽西州切斯特西毛利斯地区中学的一位退休教师以及管理者。她讲授世界语言，曾经是1975年的年度新泽西州最佳教师。她目前的兴趣是通过教育学者协会的教学庆典项目来辅导（mentoring）和招聘新教师。

玛丽·C. 克莱门特　佐治亚州贝利山（Mt. Berry）贝利学院教育学副教授。她讲授教育学导论、中间学校和中等学校教学法、外语教学法、研究生课程。她的研究兴趣包括新教师的聘任和入职指导，以及实习教师的班级管理。

雷蒙德·J. 达吉奈斯　伊利诺伊州数学与科学研究院的科学课程

和评价的领导者，同时也是一位物理教师。他的研究主要集中于成功的辅导经验的特征以及成功的辅导计划标准方面的研究。

比利·J. 恩兹 亚利桑那州大学主校（University-Main）教育学院职前教师资格证书与入职指导的专业辅导教师。她的兴趣包括教师培养、语言以及素养发展。

帕梅拉·A. 克雷默 宾夕法尼亚州东斯特朗斯博格大学的一位教育学副教授。她讲授早期儿童教育和初等教育方面的本科课程、研究生课程。她的研究兴趣包括教师入职指导、专业主义以及读书疗法。

丹尼斯·莱佩奇 宾夕法尼亚州东斯特朗斯博格大学的一位教育学副教授。她讲授数学、课程发展以及教育技术方面的本科课程与研究生课程。她所感兴趣的专业领域主要集中于技术在教育中的整合。

文森特·R. 麦格拉思 密西西比州大学的教育学教授。他讲授教育基础和比较教育。他的研究兴趣包括科学哲学、逻辑探究以及批判性思维技能。

黛安·S. 墨菲 西雅图大学教育学院教师教育副教授。她的研究主要是探讨新任教师（beginning-teacher）的支持计划、与教师表现相关的学生学习评价以及多元文化主义。

苏珊娜·H. 帕施 新泽西学院的教育与研究生学习学院院长、教育学教授，她也负责管理和监督所有的国际项目。她在城市与全球教育方面有特殊的兴趣。

乔治·E. 波拉斯 奥兰多佛罗里达中心大学的教育领导学副教授。他的研究兴趣包括教师与管理者培养、乡村教育、家庭学校教育。

帕特里夏·H. 费尔普斯 康韦的阿肯色中心大学管理和中等教育学副教授。她讲授初等教育、班级管理以及研究生教学课程。她的研究兴趣包括家长与教师的合作、新教师的入职指导以及班级管理。

贝蒂·E. 斯黛菲 艾奥瓦州立大学教育学院的教育管理学教授。她是五本著作的合著者，也是同行评审季刊《国际教育改革杂志》的共同创办人与共编者。她的研究兴趣包括新教师的入职指导、学校改革和管理者培养。

凯思琳·R. 韦伯 伊利诺伊州爱德华斯维尔（Edwardsville）纳尔逊学校的小学教师。她教二年级，是1984年的伊利诺伊州年度最佳教师和1996年密尔肯全国教育者奖（Milken National Educator）获得者。

她当前的研究兴趣包括木偶艺术、创造性学习以及教师发展。

迈克尔·P. 沃尔夫 教育学者协会（国际荣誉教育学会）的执行理事。他曾经是大学教授、教师教育的管理者，撰写并发表过大量文章和著作。他的研究兴趣包括学校改革、创设积极的学校氛围、提升自我观念（self-concept）以及教师入职指导实践。

波利·沃尔夫 印第安纳波利斯的印第安纳大学—普度大学的赫伦艺术学院（Herron School of Art）艺术教育副教授。她的研究主要集中于骨干教师的课程发展过程以及艺术天才班的教与学。

第一章 模型及其应用

（贝蒂·E. 斯黛菲、迈克尔·P. 沃尔夫、苏珊娜·H. 帕施、比利·J. 恩兹）

尽管对于教学环境的本质及其对教学实践的影响（Haberman，1995；Lortie，1975）、反思的本质和实践（Haberman，1983；Zeichner，Tabachnik，Densmore，1987）、成人发展与教学的关系（Levine，1989）、教师的专业发展（Huberman，Grounauer，Marti，1993）等问题，已经有大量的文献进行了探讨，然而，却鲜有综合性的研究以一种系统化的方式将上述问题全盘考虑，并且做到既能概括专职教师终身发展的特征，又能激励专职教师的终身发展。而这正是本书的意图所在。

在综合分析影响教师发展的多种因素的同时，我们提出了教师的发展问题，并给出了一个描述教师发展的方向和发展时期的连续体。尽管对教师职业生涯周期模型中的各个时期还有待进一步的研究予以确认，但是，我们仍然把经历这些发展时期作为一种手段呈现出来，教师可借以在整个职业生涯中保持活力、明智（informed）、目标明确，而且最终能够为了所有学习者的福祉在终身的教学生涯中保持卓越。

促成一种将教学作为终身实践的愿景

我们相信，在教室中度过职业生涯的教师有能力终身保持卓越性。教师的职业生涯周期模型就是以这样的信念为基础的，即所有的教师都能够在最初五年的教学过程中达到卓越标准，而且如果获得适时适当的支持，则能够在其整个职业生涯中持续提升其能力。这一模型是以有关教授、学习、学校教育以及课堂实践方面的文献研究为基础的。尽管该模型源自对美国教育者的研究且意在为美国教育者服务，但也具有普遍的适用性。

教师的职业生涯周期模型既是描述性的，又是规定性的。这个模型描述了发展期的递进，以及当教师努力争取并达到乃至维持为所有儿童提供称职、关爱、合格的教师这一卓越标准的时候所带来的积极成长。这个模型也说明，对于每个时期而言，专业上的充实主要源于向教师提供必要的支持。一些专业发展的支持一直被认为具有太少、太晚或者太多、太快的特征。为此，我们的模型将提供一种恰当的策略与途径，以确保在每个时期给教师提供足够的支持，并在一定意义上鼓励教师的持续发展。

这些时期是渐进的，而且受到诸如个人发展和社会背景等各种因素的影响。尽管这个模型与建构主义学习观是一致的，但是这一模型中，用以促进教师成长的最具意义的机制则是选择（Yager，1991）。教师正是通过作出选择来促进其成长，或者导致其退缩。这种持续的反思与更新过程推动着教师的成长。相反，如果缺少反思与更新，就将使得教师脱离（disengagement）或退缩。

这个模型并不是价值中立的。隐含在教师的职业生涯周期模型中的几个基本假设，是以有关教学和教师本质的研究、理论以及最佳实践为基础的。这些假设包含如下方面。

- 教师的发展具有方向性，并以教师改善教学的需要为推动力。
- 在教学工作的生涯周期中，教师的发展水平是个人特征、学校环境、支持系统和坚实的培养等综合作用的结果。
- 一个对教学不断探究的教师团体会激励师生间的教学相长。
- 教学卓越性会受一个人的学习、开展学术探究以及对成长负责的能力的影响。

- 情境或者环境是促使成长或者退缩的有力因素。
- 教学工作中的卓越性有赖于（教师）将关爱——对学生、自身、理念以及教学专业的关爱——置于核心地位。

教师的职业生涯周期

教师的职业生涯周期是一种倡导（advocacy）模型。它对教师发展进行了描述，并为教学专业的提升提供了一种预设（prescription）。我们倡导，教师必须经历这些渐进的时期，以在整个职业生涯始终保持卓越。但是，必须注意要鼓励教师的反思与更新，因为只有反思和更新才会促进教师在每一时期的专业成长。而且这些发展期之间的递进以及支撑每一发展期反思—更新—成长的过程，都将会使关于教学工作的愿景付诸实施，但是，只有教师、管理者、教师教育者和研究者共同合作，才能使这种愿景成为现实。

教师的职业生涯周期模型构成了一种关于教学的愿景，这种愿景能够：(1) 在职前教师教育与在职教师教育之间架设桥梁；(2) 创设一个可行的平台，为课堂教师提供终身专业发展的机会；(3) 使所有教师获得（以及被认可为）一种称职的、关爱的、合格的专业人员的地位。这种成长并不会自动出现或者是在“真空”状态下出现。如果我们承诺为所有学生配备能够在任何环境下促进其学习的称职、关爱、合格的教师，我们每个人都必须实践这种意愿并开展合作性互动，从而将这个模型付诸实践。

无论是将教学工作视为一门艺术还是一门科学，只要是对其进行了研究，著者和研究者都会对教师职业生涯的发展时期进行概念化和研究（Fuller，1969；Gehrke，1987；Huberman，et al.，1993；Katz，1997；VanderVen，1998）。大多数的研究都将发展定位于一种由新手到专家的连续体之中。很少有人关注从缺少经验（inexperience）到精通熟练（expertise）之间的过渡时期的本质，和长期影响教师成长以及考虑到教学反思的因素与过程。我们的生涯周期模型通过提供一种在每个时期支持终身专业发展的框架来解决这些问题。

时期抑或阶段?

教师的职业生涯周期是一种发展模型，它包含着或为反思、更新机制所推进或因退缩而受阻的六个渐进时期（Steffy & Wolf，1997）。之所以说这个模型是发展性的，是因为它假设并描述了一个发生于整个生涯周期（在这里指教师的职业生涯周期）的持续过程。与其他发展理论一样，这个模型将成长视为一种通过人与环境之间可确认的、循序的互动而展开的过程；承认个体是以不同的速度沿着这一连续体前进的；并且将成长中的教师个体视为其自身发展的积极参与者。

这个模型所设定的发展时期，与埃里克森（1968）、达罗、克莱因、莱文森和麦基（1978）以及其他人的观点有共同之处。发展时期论（phase theories）趋向于关注在一个连续体中一个时期向另一个时期发展（过渡）的内容和任务。与之相反，发展阶段论（stage theories），例如皮亚杰（1954）、洛文格及其他人的理论，则更加关注结构和组织，而且其中各个阶段之间的关系一般更离散。而在职业教师的生涯周期模型中，六个时期中的每个时期都有特定的内容和任务，而且都是沿着卓越教学的整个职业生涯的连续体而分布的。

教师职业生涯周期中的发展期

通过文献研究以及对教师长期、系统的观察，我们确定了六个基本发展期（如图1.1所示），这种划分是根据课堂教师在其职业生涯中的经历而设定的，这些时期包括：实习期、学徒期、专业期、专家期、杰出期以及荣誉退休期（Steffy & Wolf，1997）。教师沿着这样的路径发展并保持专业成长。

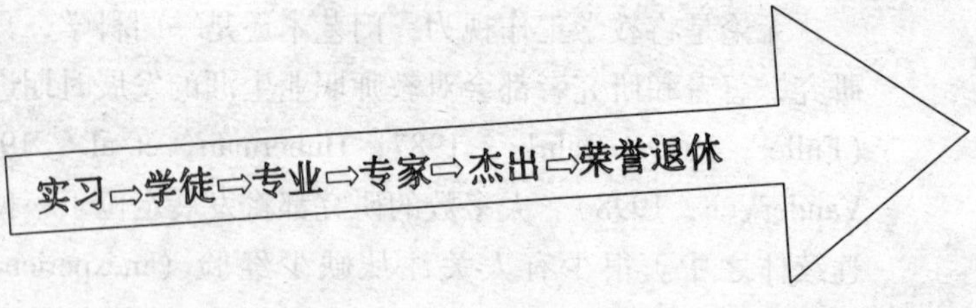

图1.1　教师成长的时期

资料来源：Betty E. Steffy and Michael P. Wolfe，*The Life Cycle of the Career Teachers：Maintaining Excellence for a Lifetime*，p. 5. 1997，Kappa Delta Pi，an International Honour Society in Education。

教师的职业生涯周期模型提供了一个有益于促进教师效能发展的连续体。基于将在一个发展期获得的知识和情境经验迁移到另一个发展期，它提出了一个关于出色实践的愿景。因此，在一个教师职业生涯周期的各个发展期之间，界线是模糊的。这个模型的优点在于，其所关注的是一个教师如何沿着这样的连续体不断成长，并发展成为一个更有能力的专职教师的过程。

实习教师

实习期（the novice phase）始于职前学生首次接触作为教师教育计划一部分的实习课经历（practicum practice），并持续于教学实习阶段。在一些大学和学院，职前教师通常在一年级的时候就进入这一时期。但是，在有些大学，学生直到三年级才开始接触教学实践。而对于五年教师培养计划来说，学生是在研究生阶段才进入实习期的。

实习教师开始学习一些在课堂上行之有效的教学技能。在这个过程中，培养是按照通识课程、学科专业课程和教育专业课程这样的序列展开的。由于他们尚未掌握这个职业的技能或教学内容，大部分职前教师犹豫不决，缺乏自信。当他们造访课堂的时候，他们经常惊讶于老教师在安排课堂活动方面的技能。有些实习教师甚至不能确定自己是否有能力指导所有这些精力充沛的学生的学习活动。

最终，实习教师获得了更多的技能。他们开始观察教师如何创设学习环境。随着在学生身上取得成功，他们对自身和课堂实践有了更多的了解，他们的信心也在增强。他们开始对儿童的需要变得敏感，慢慢地获得成为称职教师的技能。随着实习教师在技能和自信心方面的增强，他们就会反思新获得的技能与经验，然后他们就进入了学徒时期。

学徒教师

对于绝大多数教师而言，学徒期（the apprentice phase）始于他们独自承担计划和实施教学的责任之时。这一时期将一直持续到教师的知识、教学法和信心表现出整合和综合之时，而这也标志着专业时期的开始。一般而言，学徒期包括入职指导期（induction period），并延续至从事教学工作后的第二或者第三年。

处于这一生涯时期的教师充满了活力和期待。在学完所有专业培养课程并拥有实地教学经验之后，他们就能够站在一群学生面前领受“教师”的称呼了。尽管仍然感到自我怀疑，但是他们热爱教学，相信自己有能力确保所有学生都能达到很高的水平。

学徒教师往往是理想主义的。他们相信自己有足够的能力和动力去激发所有学生学习的动机。学徒教师对于新观念是很开放的。他们往往自愿为各种委员会服务或者承担一些课外活动工作。他们富有创造性，注重个人发展。他们希望学习更多东西，愿意尝试新的策略。在他们的眼里，没有一个孩子会难到不可教的地步。而且似乎也没有任何一位家长不愿意支持孩子的学习。尽管学徒期的教师对其自身的教学技能仍无把握，但是在帮助学生获得成功这件事上，他们怀有极大的热忱。然而，他们必须学会如何实现他们的崇高理想。

但是，不幸的是，大约有三分之一的新聘教师在从教最初的几年里就离开了教师职业（National Commission on Teaching and American's Future，1996）。这种形式的退缩是宝贵资源的一种极大浪费。对多数这类教师而言，他们的离职与缺乏技能并无多大关系，而更多的是因为他们感觉在教师角色方面缺乏效能。由于湮没在（overwhelmed with）一系列专业需求之中，满腔热情的学徒教师也许会变得心灰意冷。但是，如果有恰当的鼓励和适切的支持，多数学徒教师还是可以坚持学徒时期的理想。如果他们不退缩，而是继续批判性地反思自身的经验，那么更新与成长将引领他们进入其职业生涯的下一个时期。

专业型教师

专业期是伴随教师作为教育者的自信的增长而出现的。在这一过程中，学生的反馈发挥着关键作用。学生对教师的尊重与教师对学生的尊重，构成这一阶段赖以建立的坚固基础。学生认为专业型教师是有耐心的、和蔼的、善解人意的、乐于助人的。反过来，这些教师也视他们自己为学生利益的捍卫者。

大多数学校的教职工都是由大量专业型教师构成的。他们是教师职业的中坚力量。他们称职、坚定、可靠。大多数人将他们自己视为课堂教师，并不渴望成为管理者。这些教师在与学生互动的时候是最开心的。对他们而言，最大的报酬是过去或者现在的学生所表示的尊敬。他们无一例外地珍视学生描述自己的生活是如何因教师而发生改变的那些评论。

专业型教师（总是）注意激发学生的动机，而管理者则往往不同，他们很少关注学生，并且总是认为这是理所应当的。管理者必须认真看待处于专业期的教师对学校的有效运行所作出的有价值贡献。

专业型教师经常向其他教师寻求帮助和协助。他们积极地参与到同事协作网络中以寻求支持与指导。他们的视野开始超越教室，他们将自己和同事都视为更广泛的专业的一部分。这些教师都已经达到了各州颁发的教师资格证书的要求，并且通常能够利用各种专业发展机会来寻求持续发展。

专业型教师非常重视观察同事的革新实践的机会。他们知道，在大多数学校环境下，寻找时间进行反思是一种奢侈。但是，他们也认识到持续的成长与发展依赖于大量观察、反思与互动。

专家型教师

专家期以达到教学与美国未来国家委员会（1996）提出的高标准为其标志。即使专家型教师没有刻意去谋求达到这种标准，但是这些教师都满足了国家资格证书所预期的要求（Steffy，1989）。教师职业生涯周期模型的前提假设就是，确保所有教师发展技能以达到专家水平。

专家型教师预测学生的反应并据此修正、调整自己的教学，以此促进学生的发展。不论学生具有怎样的背景或者能力水平，处于这一发展水平的教师都有能力支持、促进并扶植所有学生的成长与发展。因此，学生在这些教师所创设的相互尊重的环境中感到很安心。

这一时期的教师可被认为“很在行”（with it）。因此，学生知道教师对他们的期望是什么，大部分人也会依此行动。这些教师会与学生的学习风格、需要以及兴趣相协调，反过来，学生也会与他们的教师协调一致。

专家型教师能够反思他们的实践，以促进发展和改变。他们致力于追求最新、最好的专业理念。他们经常与本学区、本地区、本州内的其他专家型教师保持联系。他们在专业协会和本学科领域的（content-area）组织中担任领导角色，并以保持前沿性专业知识为荣。

专家型教师通过其作为教师和社群领导者的角色来学习。他们体现了家长与社会对于打开儿童学习之门的热望。这些教师明白，学生是爱好学习的。如果不遭遇严重的阻碍，教师将终生持续专家型这一时期。

杰出教师

只有那些在其领域中真正具有才能的教师，才能进入杰出期。他们超越了对教师所知所为的常规期望。这些教师是教师专业中的“穿花衣的吹笛手”（pied pipers）。学生、家长、管理者和公众都非常尊敬他们。有潜力成为杰出教师的人，只限于那些已经达到专家型水平的教师。

杰出教师能够影响一座城市、一个州甚至国家层面的教育相关决策。实际上，各个层次的决策者与立法者都会定期征求杰出教师群体——包括年度国家教师（National State Teachers of the Year, NSTOY）、密尔金教师奖（Milkin Teacher Award）获得者以及金苹果高级教员（Golden Apple Fellow）——的意见。

杰出教师将为他们的学校带来更丰富的、更广泛的教育经验。通过应用职业教师的生涯周期模型，我们相信，伴随学校减少潜在的杰出教师在学徒时期离职或进入退缩状态的数量，杰出教师的数量将会增加。

荣誉退休教师

荣誉退休期标志着在教育领域取得的一种终身成就。对于一些教师来说，离开他们的职业就是一种结束；但对另一些人来说，则标志着一种新的开端。许多教育者在告别课堂教学之后，选择以各种不同的角色继续服务于这个专业，以此实践他们对学生的终身承诺。一些人走上管理者的职位；一些人则在高等教育中追求新的起点。通常教师在正式离开课堂之前，就已经开始为上述种种新的参与（involvement）作准备了。

终身执教的教师退休后应受到社会的认可与赞誉。他们经常在困境之中依然诲人不倦。这些教师在离开他们的职业时会感到满足，因为他们身后留下的财富是数以千计的学生因为受到优质的教育而使生活变得永远丰富多彩。

由于目前人们拥有更好的健康保健、良好的体力达标计划以及均衡的营养实践，所以预期寿命会延长。因此，就会有更多的教师能够在更长的时间内保持一个活跃的教育者的状态。进一步说，处于专家型教师发展期与杰出教师发展期的教育者，往往要比那些在退休之前就有过退缩经历的教师要活跃得多。

有极少数退休的教育者在这一领域依然保持活跃，并最终获得了荣誉退休教师的地位。这些教师虽然已经正式退休，但是由于他们具有专业知识和奉献精神，他们仍然可以继续为这一职业作出贡献。向荣誉退休期的过渡需要找到一些服务于他人的新方式。通过加入专业团体担任顾问、志愿者、辅导教师以及从事其他一些服务活动，这些荣誉退休教师事实上成为教师强有力的辩护者和游说者（lobbyist）。

一些荣誉退休教师可以运用自身的技能和经验，为教师教育计划提供顾问咨询，他们既可以共同教授一些教育学方面的课程，也可以担任实习教师或学徒教师的辅导教师。许多人自愿将时间和精力用于推动扫盲项目、辅导课、学校清洁运动以及操场建设计划。目前，已启动了各种类型辅导项目，目的在于利用荣誉退休教师的技能来帮助学生、新教师、管理者以及家长。同时，也可以启动能够为实现学校使命提供积极支持的社区行动计划。

荣誉退休教师在退休后继续为教师职业作贡献的活动，值得我们关注。确实，我们必须支持这些教师的工作。教师营造自我价值感和有益且积极的退休生活，最终使各方面都受益——包括学生、学校、学校系统、管理者，当然还有在职教师。

反思与更新：成长的机制

反思与更新的过程是本模型的核心与关键所在。它将思想与行动联系起来了。也就是说，它将目前的知识和技能与预期未来的愿景建立了联系。正是出于这样的愿景，教师才建构实现自身发展的一些策略。成长正是通过这个过程才得以实现的。

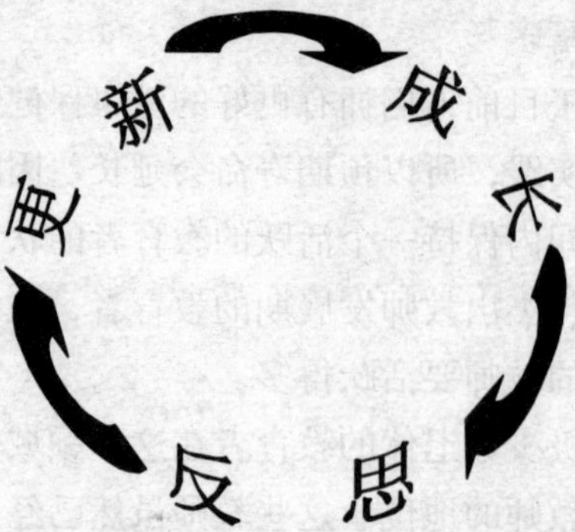

图 1.2 反思—更新—成长的周期模型

资料来源：Betty E. Steffy and Michael P. Wolfe，*The Life Cycle of the Career Teachers*：*Maintaining Excellence for a Lifetime*，p. 5. 1997，Kappa Delta Pi，an International Honour Society in Education。

正如贝尔和吉尔伯特（1996）所说："反思是一种技能，它属于建构主义，特别是个人建构主义内在的组成部分。"反思必须是有目的的，在这个过程中，教师为自身建构意义与知识。我们在岁月流逝中如何发生变化，涉及个人与社会环境之间的相互影响，这种影响可能是积极的，也可能是消极的。这些交互影响给教师的生涯发展制造了持续的张力。这些积极的因素呈现于如图 1.2 所示的"反思—更新—成长"的周期模型中。

杜威（1910）将反思性思维视为一种迟疑不决的过程或者怀疑的状态，它将导致"探索、搜寻、探究的行为，以发现可以解决疑惑，澄清并解除困惑的新资料"。因此，教师作为一个思维者会陷入认知失调（cognitive dissonance）状态。通过缜密的反思和新知识的获得，思维者就会找出各种解决困惑的可选方法。伴随疑惑的解决，更新与成长的感觉会自然而然地表现出来。

杜威认为，解决认知的失调涉及反省思维的五个时期：暗示、问题、假设、推理和检验。以这些思想为基础，舍恩（1983，1987）提出，在教学实践中，个体展示行动中的知识（knowledge-in-action）、行动中的反思（reflection-in-action）和行动后的反思（reflection-on-action）。行动中的知识和综合知与行的能力相关。这一过程是天衣无缝的。我们的所知一定会指导我们的行为。行动中的反思涉及我们在教学过程中进行的分析、判断和采取的行动。格里麦特和埃里克森（1998）是这样描述这一过程的：因某一种教学情境而产生困惑，将当前的教学情境与过去碰到过的情境建立联系，重构解决问题的方法并应用到实践中去。行动后的反思发生在事件之后。它可能会涉及寻求新的知识和意向上的变革。

其他参考舍恩有关反思的著作的研究者，包括泽兹纳、塔博奇尼克、登斯莫尔（1987）以及泽兹纳（1994），确定了三种与个体反思相关的策略和一种与学习的社会观和批判性探究相关的策略。前三个策略的应用主要关注的是对学科内容、教学法与学生需要方面的反思。第四个策略则强调对于学习发生的背景以及对形成该背景的社会和政治因素的反思。

教师的职业生涯周期模型中所呈现出的发展过程基于一种假设，即反思包括获取新知识和强调对实践的反思。反思笔记、案例研究、日志以及日记都是可供反思的"形式"（modalities）。这些资料能够与研究性论文、著作以及专论结合起来，从而推动教师的成长。在一个有效的反思过程中，运用这些资料需要"对这些作品有一种信赖和珍视的态度，并认为有必要"参与这一过程（Loughran，1996）。反思型教师可以通过与同事交流、参加研讨会以及有组织的专业发展活动来获取新知识。由于这种新知识需要被内化，以影响实践，因此教师经常需要辅导教师的协助。反思实践者的发展可能需要一位娴熟的辅导教师（Bell & Gilbert，1996）的参与。

正如奥斯特曼和考特凯姆所述，"反思型实践就像兰花一样，需要特殊的条件才能使之茁壮成长。环境中的最重要元素就是信任"。奥斯特曼和考特凯姆发展了一种"反思型实践的信条"，包括如下几个关键性假设：（1）每个人都需要专业成长的机会；（2）所有的专业人员都希望改进提高；（3）所有的专业人员都能够学习；（4）所有的专业人员都有能力担负起其自身专业成长与发展的责任；（5）人们需要并且想要获得有关自身表现的信息；（6）合作丰富了专业发展。

波德、基奥、沃克（1985）提出了反思的阶段性本质："反思的能力对于处在不同阶段的不同的人来说，都是可以发展的。也许就是这样一种能力构成那些从经验中进行有效学习者的特征。"还有，杜威（Dewey，1910）指出了一个人进行成功反思所必需的三种态度：开放的心态、全身心投入和责任感。开放的心态是指学习者愿意承认问题的存在，以开放的心态去探寻解决问题的各种可能性，并且探索出各种有可能对其自身的信念体系形成挑战的解决问题方案。全身心投入指的是能承诺并有热情去找到解决方案。责任感是指愿意对部分问题负责并承担找到解决问题方案的责任。因此说，这既是一种道德品质，也是一种智力资源。

更新的过程：反思如何支撑成长？

为了维系专业成长，教师必须不断地经历或者启动一种反思和更新的过程。正是反思与更新推动教师度过其职业生涯的不同发展期。因此，实习教师转变为学徒教师，主要是通过习得技能知识，并从对技能和各种一般性知识的反思中内化其意义。通过反思、更新、成长的过程，教育者从一个时期步入另外一个时期。有关反思型实践的大量文献支撑这样一种观点，即持续的专业发展只有通过这种过程才能实现（Valli，1997）。

反思性实践可能是变革的一种有力机制。奥斯特曼和考特凯姆（1993）将反思描述为“一种手段，借助于它实践者可以对自身行为表现的性质和影响形成更清晰的自我意识”。对于教师来说，这个过程是以思考自己和其他教师的课堂教学工作的结果为基础的并据此计划和实施课程。预期学生将会愿意学习；然而，在绝大多数班级中，有些学生并不愿意学习。对于一些学生来说，课堂中使用的教学方式并不能使他们取得预期的学习成果，这种学生的数量有增无减。

大部分教师会反思他们在学生身上所取得的成功与失败。并且，教师决心通过反思的过程来予以改变。事实上，只有当教师负责地对待学生的学习时，变化才会发生。如果教师认为学生缺乏有效学习是由学生内在的缺陷、他们的家庭或者是社会导致的话，那么在教师行为方面不大会发生改变或者根本不会做任何改变。当教师对学生的学习负责的时候，他们就会倾向于反思每一个教学时刻，并愿意为了促进学生的学习而采取任何改进措施。当教师感到可以控制学生学习的时候，那么他们就是在成长了。如果教师没有产生效能感，那么他们就会对自己提升学生学习的能力缺乏信心。

反思型教师不断地在大脑中回顾各种教学时刻发生的事件。而且，他们不断地观察学生，以对自己的教学实践及其影响更加自觉。通过反思的过程，教师分析他们的授课，并对各种可能性持一种开放态度，他们时常会问自己："如果我这样做会怎样？如果我以这种方式改变资料会怎样？"反思型教师会想象学生对不同的、新的教学方法的反应。

当教师将课程概念化的时候，他们总是创造各种可能会更成功的策略。他们为儿童设计新的经验。因此，这种变化的过程得以发展。

反思与更新过程推动教师经历其职业的各个时期。作为一个职业的教育者（career educator）的教师，通过这种内省使自身不断成长与更新。此外，反思还有助于教师确定自我提高的领域。一旦这些领域被确定以后，重添活力的成长期就会接踵而至。这种新的学习将集中于一些特殊技能的练习，完善一些新的教学策略或者使教师对已有的技能精益求精。当然，这种成长或许也会导致信仰与态度上的改变。在所有的生涯时期中，教师都可以经历"反思—更新—成长"的过程。有时候，注册学习一些继续教育课程就会带来某些变化。当然，也有一些教师仅仅是依靠自己谋求发展。在大部分情况下，这些教师都会求助于同事和管理者。

教师们不能奢望在虚拟（virtual-reality）课堂中发展新的技能。他们只有在真实的课堂中，并与分配给他的学生们一道来实践并完善其教学技能。这使得一位能力很强的教师对一个班级的学生说："我今天想要尝试一点新东西，我希望你们做我的批评者，帮助我改进。"然而，这正是我们每天向我们的学生所提的要求。我们要求他们拓展并获得新的学习方法。因此，如果我们真的要创建一种学习共同体的话，那么这个共同体中的每一个人——教师、管理者以及学生——就都应该参与到这个"反思—更新—成长"的过程中来。

退缩：成长是怎样受限的？

退缩是心灰意冷的一种形式。它代表的是一种致使教育者从心理上脱离"反思—更新—成长"过程的消极力量。斯黛菲（1989）确定了退缩的三个水平：初始的、持久的、深度的。正如图1.3所示，如果置之不理的话，一位开始下滑到初始退缩水平的教育者，就有可能成为学生、学校以及我们的教师职业的一种损失（Steffy & Wolf，1997）。

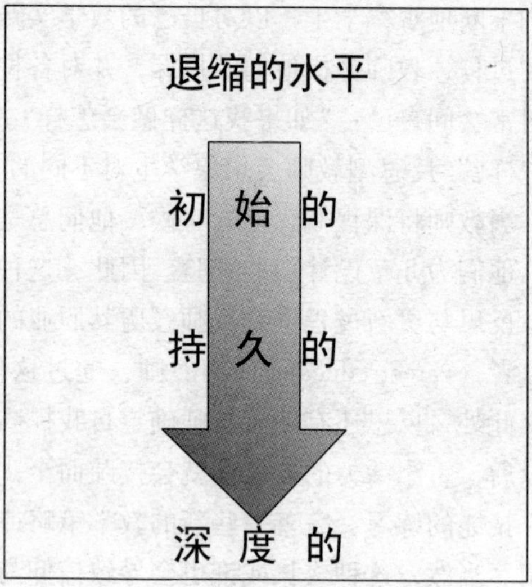

图 1.3 退缩的水平

资料来源：Betty E. Steffy and Michael P. Wolfe, *The Life Cycle of the Career Teachers*: *Maintaining Excellence for a Lifetime*, p. 8. 1997, Kappa Delta Pi, an International Honour Society in Education。

这种由初始水平发展到持久水平，再到深度水平退缩的递进过程，在生理、情绪与心理三个关键领域体现了愈加消极的教师特征（Pines, Aronson, Kafrey, 1981）。生理特征包括乏力、长期疲劳、虚弱以及厌烦。染上疾病与发生事故的数字可能会上升。其他生理信号还包括使用药物或者酗酒，以及饮食规律紊乱的现象。退缩的情绪信号包括沮丧、无助、易怒、克制力和处理机制的丧失（coping mechanism）。紧张以及被诱骗的感觉在增强。心理信号包括消极的态度、消沉的自我概念、悲观、吹毛求疵的态度以及注意力不集中。如果置之不理，随着教师更趋退缩，他们就会变得越来越衰弱不堪。

教师是满怀着希望与期盼进入教育领域的。如果这种反思与更新的过程破碎了，那么教师也许就开始退缩了。如果不进行干预，他或者她就会滑向深度退缩，直至保持效能的希望近乎渺茫。

退缩可能会发生在教师生涯中的任何一个时期。它以教育者的内部驱动力的变化为标志。他或者她开始从学生、同事以及专业中退缩出来。如果教师希望持续成长，他们就必须对三个退缩水平中的任何一个都要有所认识，从而防患于未然。

初始退缩

进入初始退缩这一危险地带的教师，也许并未意识到在他们身上将会发生什么。他们在教学方面依然是胜任的。尽管他们倾向于安静与独处，但是，他们在情感上仍然保持投入。尽管在过去他们很显然地已经达到了新的能力水平，然而，适应这种发展的成长动力却在日渐减少。换言之，这些教师停止了专业性的成长。他们变成了追随者而不是领导者。一些人甚至开始使自身从身体上（physically）远离学校所开展的持续性教师成长活动。在教职工会议中，这些教师可能会改为坐在房间的一边或者后面。当建立各种委员会以探讨新理念的时候，他们往往是被动等待，而不是主动提出加入。初始的退缩也许与教师的内部动力系统相关。只要是感觉什么事情有点不对劲，教师对教学的热情就开始逐渐消退。

除非这些教师进行自我调适，否则他们也许并不会意识到任何变化。一位非常了解教职工的敏锐的管理者，能识别出初始退缩的信号，并能够深思熟虑地找到令教师回归“反思—更新”过程的方法。如果不进行干预，这些教师就可能会滑向下一个水平的退缩。

持久退缩

当教师滑向持续退缩的水平时，他们的消极感受将会浮出水面。在这一水平上，教师开始变得对别人挑剔，反应迟钝。有些教师成为了学校教育计划持续改进的明显妨碍者。对于学校改革，他们充当了看门人的角色，即只是刻板地排滤或阻碍一些他们在学校中理应作出的重要变革。

深度退缩

下降到深度退缩水平的教师面临着各种各样的问题。在这一水平上，教师的专业成长已经停止。他们置“反思—更新—成长”的过程于不顾。伴随着退缩过程持续盘旋向下，这些教师倾向于变得极具防备心态，且难以相处。

没有学生情愿容忍一位处于持久退缩或者深度退缩水平的教师。将我们的模型应用于职前与在职活动中，将有助于阻止教师形成持久和深度退缩的特征。

当教师、学生、管理者以及家长相互协作，这种“反思—更新”的过程就会在教师的整个职业生涯过程中得以维持。通过防止退缩，这种合作能够使指导学生成长的专家型教师的数量增加。作为专业发展、课程监控、督导以及教师报酬系统方面的指引，教师的职业生涯周期模型能够帮助管理者识别教师是否开始退缩。

影响教师发展的其他过程

“反思—更新”的过程会对一个教育者的专业成长产生积极的影响，而退缩则会阻碍这种成长。其他影响教师成长的因素包括发展问题和社会背景。

影响教师的职业生涯周期模型的发展问题

称职、关爱、合格的教师首先是一个发展中的人。发展的问题总是在专业背景下展开。在教师的职业生涯周期模型的背景下，有三个特别重要的问题值得思考，因为它们在学校中发挥作用。

教师是成人

在教师职业生涯的整个过程中，他们不仅作为专业人员，而且是作为人在发展。学校中的发展问题、人际问题以及各种情境问题都会影响工作表现和反思能力。例如，如果一位实习教师是一个年轻的成人，当他或她在试图解决一些教学上的问题时，也许正在受埃里克森（1968）所说的亲密与孤独之间的冲突所困扰。这种冲突会给其与学生的关系带来一些问题，学生可能被看做教师获取支持的源泉，而不是被看做需要支持的对象。然而，有一些实习教师，一些年龄比较大的复读生，他们面临着与那些年轻的同事不同的发展问题。教师教育几乎总是谈论儿童的发展与学习，但却很少讨论成人的发展与学习。成人发展与学习的观念正在以种种方式影响着专业人员的发展。

学校是发展实验室

学校是特殊而且独特的环境，在其中，由多个年龄层、不同发展阶段的人——教师与学生、年轻的与年老的、富裕的与贫穷的、男的与女的、多种族的、多民族的、多语言的——聚集成一个学习共同体。这个格外丰富的学习者混合体提供了发展性互动，这种互动既创造了机遇，又制造了冲突。教师是经历成长还是退缩，都是学校环境下如何看待发展这个问题影响的结果。例如，一个专业型教师，如果他的反思已经在自己缺乏影响学校变革的能力方面产生冲突的话，那么对于一个满怀希望但却对自己的教学技能没有信心的学徒教师而言，他就不会是一个好的辅导者。另一方面，如果一个专家型教师准备关注更加宽泛的专业主义（professionalism）问题，那么他就可能会因为有机会担任学校与大学的联络教师和教师教育者的角色而更加紧张。

冲突推动发展

冲突在促进发展过程中的作用是绝大多数有关发展期与发展阶段理论的核心。与自己观点的不平衡——不管它是源自观察、互动，或者源自一些经历——都会迫使个人去重新思考、学习或者成长。在教师的职业生涯周期模型中，反思与更新经常会导致冲突。由冲突而生成的变化可能会对教师与学校的生活产生积极的、重要的影响。缺乏反思和与个人观点的冲突就将导致退缩。

教师职业生涯各个时期是朝一个积极的方向前进，还是因为退缩而脱轨，主要取决于发展问题。这些问题在生涯周期的每个时期都是必须考虑的。除了专业发展以外，采取支持一般意义上的成人发展的措施，对于所有教师和学校也都是必要的。

社会背景对教师职业生涯周期的影响

我们生活与工作的环境和我们自己所处的境况，在决定我们将成为什么样的人，作为个体人与专业人员如何发挥我们的作用方面，产生着整体性影响。因此，在教师的职业生涯周期模型中，社会背景是影响教师发展的重要变量。在此，有三个特别重要的问题需要考虑，因为它们在学校中发挥作用。

学习总是发生在变化着的社会背景之中

根据有关人类学习的研究与理论，人与环境之间的互动，在学习是否会发生、发生什么样的学习以及是如何发生的方面，具有重要意义。在建构主义的学习理论中，社会背景是对学习产生最显著影响的环境变量。因为强调社会背景下的学习适用于处于各种发展时期的所有人，因此，它提醒我们，环境在决定是出现成长还是退缩方面起着非常重要的作用。教室与学校环境能够影响教师的思维和行为。社会如何看待教育，也是重要的影响因素。由于社会背景随着时间的流逝在发生改变，因此，教学生涯中的学习与成长也保持着动态的、流动的、可变更的特点。例如，当学生对一个话题表现出极大热情时，那么，教师也许就会受到鼓舞而去了解更多的相关知识并开发新的课堂活动。然而，如果在下次课堂上，成长的推动力不再出现，那么教师就必须找到其他保持学习状态的方式。

学校文化支持或者阻止教师的成长

教师与学生的互动会影响教师的学习、成长以及对工作的满意度，同样，教师与同事之间互动的品质和性质也会影响教师的学习、成长以及对工作的满意度。专业型教师或者专家型教师对学徒教师或者实习教师的成功辅导，就是社会背景学习有助于教师成长的重要例证。与给个体教师提供最具支持性的项目相比，学校的风气与文化对教师成长的支持可能更具有渗透性。要通过共同决策的模式，在有关课程、专业发展活动以及学校目标的决策方面，拥有有意义的发言权，就需要教师承担合作责任，并在职业生涯周期模型的各个时期鼓励教师的成长。同样地，在教师与管理者之间，如果缺乏共享价值、有意义的关系和积极的互动，也会对教师的学习与发展产生消极影响。

校外的社区和社会影响着成长

个体教师在经历教师职业生涯周期模型的各个发展期所取得的进步程度，也取决于课堂和学校以外的社会背景。背景之一就是教师专业共同体。以组织、研讨会和进修学习的形式将教师与更广泛的专业联系起来，通过形成教师共同体，激励教师在整个职业生涯的发展。在学校建立支援团体或在专业发展学校里建立与大学的伙伴关系，是发展的其他手段。另外一个影响教师的变量就是政策环境，包括地方、州和联邦的规定，证书和许可证发证要求以及标准运动。通过对教育者专业技术的认证，专业教学标准全国委员会（NBPTS，1994）认可教师对其实践的改进。加入这样的共同体会使专业型教师向专家型教师的过渡更为容易。其他影响教师成长的因素还包括社会态度，特别是那些与性别和种族有关的社会态度。

如同发展问题一样，社会背景的影响在教师职业生涯周期模型的各发展期都必须予以考虑。我们必须注意学校的风气、文化和共同体，因为它支撑着校内所有学习者的专业成长。

连续性的线索：各发展期之间的关系

与发展的方式相一致，教师职业生涯周期模型每一个递进的时期都是独一无二的，建立在之前的发展期之上，同时，也为之后的发展期奠定基础。不过，各个发展期之间的连续性，并不局限于各发展期相互之间的序列关系。每个时期都在以下方面受另外两个连续性的线索所制约。

- 每一个发展期，都共享既是本章所描述的，也是美国教学与未来全国委员会（1996）所明确表达的关于教师的动态愿景，即“称职、关爱、合格的”教师。
- 在每一发展期，都清晰可见这个时期中支持与维持成长的因素，或者是导致退缩的制约因素。

称职、关爱、合格的教师

在这个模型的每个递进时期，教师会继续作为称职、关爱、合格的专业人员持续发展。这是对随着每个后续发展期的展开而发展、变化的那些特征的界定。

美国教学与未来全国委员会（1996）一直在既有标准的框架内看待不断变化的期望与持续的卓越性之间的关系。该委员会建议，未来教师应该在全国教师教育认证委员会认定的机构接受教育，运用州际新教师评价与支持联合体的框架接受入职指导，并被专业教学标准全国委员认证为专家。

我们支持美国教学与未来全国委员会的结论，但也在保持持续的卓越性的理念下，提出对于伴随岁月的流逝而不断变化的期望的其他界定方式。描述构成教师职业生涯周期模型每个发展期之特征的任务、内容和冲突，会强化这种连续性的线索，这种线索将在讨论每个具体发展期的各章中详细阐述。

维系成长或者导致退缩的因素

我们能够确定教师职业生涯周期模型中每个递进时期中维系或者阻碍成长的因素。与教师的培养和持续的专业发展相关的因素都已经被概括在第一章中，并将在随后的几章中进行深度考察。在这一序章中，我们已经提供了讨论教师发展的一个背景。我们也讨论了各个发展期之间的联系，并对如何运用这一模型进行了评论。

第一章提供了一个讨论各发展期构成的框架。第二章至第七章主要分别关注生涯周期模型中六个发展期的一个时期。每一章都集中描述一个发展期，运用案例研究来描绘该时期内容与任务的特征，提出与该发展期相关的问题，并关注该时期的反思、更新和退缩的性质。每章都凸显相应发展期的独特问题，并指出连续性线索是如何得到体现的。

在每一章中，都提出了激励相关发展期专业成长的建议。与发展期相关的每一章都包含如下几个部分：

- 通过案例研究考察该发展期
- 该时期的界定
- 连续性的线索
- 专业发展的策略
- 对于研究与实践的建议

结论章又回归到对教师职业生涯周期模型的整体关照。它包含对于教师在整个职业生涯的个人成长与专业成长、整个实践连续体中的教师教育、研究、学校生活以及教师职业的持续提升等方面的启示与建议。

教师职业生涯周期模型的用途与益处

我们的模型提出了一个整个教学职业生涯的发展理论。正如我们先前提到的那样，这个模型还有待于检验。教师可以将这个模型作为发展的一个标尺，也可以将它视为指导实践的一种建议。本书提供了一个有待实施和评价的职业生涯计划。希望我们的模型能够激发人们在实现为所有学习者塑造称职、关爱、合格的教师这一共享目标方面，付诸思考和行动。

美国教学与未来全国委员会（1996）设想了一个体系，在这个体系中，教师首先作为新手进入教师职业，历经学徒期和专业期，然后保持在专家期和杰出期的水平。而且，致力于退休活动的退休人员很显然已经内化了我们期望教师具有的最佳品质。职业教师的生涯周期模型能够提供一种符合并超越美国教学与未来全国委员会愿景的框架。我们的模型具有如下益处。

- 教师可以认识到教学生涯涉及成长问题，他们必须设法采取措施，以确保自身向专家水平发展。
- 管理者可以通过关注教师在不同发展期的独特需要，来支持教师的“反思—更新—成长”的过程。
- 管理者与教师可以意识到退缩的早期征兆，并携手努力使教师回归“反思—更新—成长”的过程。
- 教师会因达到专家水平而被认可和祝贺。
- 可以为处于实习与学徒期的教师提供他们成为专家型教师所必需的恰当的支持。
- 会鼓励处于退缩期的教师去反思他们的职业，并为他们提供有助于其继续成长的策略。
- 学校环境会变成一个社区，在这个社区中，教师、管理者、家长以及学生都处于一个连续的学习周期之中。

换言之，运用这个模型，人人皆会受益！现在我们必须开始应用今天的这个模型来改善明天的课堂的工作。这个行程将始于对这个模型的每个时期的详细阐述。

参考文献

Bell, B., & Gilbert, J. (1996). *Teacher Development.* Washington, DC: Falmer.

Boud, D., Keogh, R., & Walker, D. (1985). *Reflections: Turning experience into learning.* London: Logan Page.

Dewey, J. (1910). *How we think.* New York: D, C. Heath.

Erikson, E. H. (1968). *Identity, youth, and crisis.* New York: W. W. Norton.

Fuller, F. F. (1969). Concerns of teachers: A developmental conceptualization. *American Educational Research Journal,* 6(2), 208 – 226.

Gehrke, N. J. (1987). *On being a teacher.* West Lafayette, IN: kappa Delta Pi, an International Honor Society in Education.

Grimmett, p. p., & Erickson, G. L. (1988). *Reflection in teacher education.* New York: Teachers College Press.

Haberman, M. (1995). *Star teachers of children in poverty.* West Lafayette, IN: kappa Delta Pi, an International Honor Society in Education. Huberman, A. M., Grounauer, M., & Marti, J. (1993). *The lives of teachers* (J. Neufeld, Trans.). New York: Teachers College Press.

Katz, L. G. (1997). *Talks with teachers: Reflections on early childhood education.* Washington, DC: National Association for the Education of Young Children.

Levies, S. L. (1989). *Promoting adult growth in schools: The promise of professional development.* Boston: Allyn & Bacon.

Levinosn, D. J., Darrow, C. N., Klein, E. B., Levinson, M. H., & McKee, B. (1978). *The seasons of a man's life.* New York: Knopf.

Loevinger, J. (1987). *Paradigms of personality.* New York: freeman.

Lortie, D. C. (1975). *Schoolteacher: A sociological study.* Chicago: University of Chicago press.

Loughran, J. (1996). *Developing reflective practice: Learning about teaching and learning through modeling.* Washington, DC: Falmer, 41.

National Board for Professional Teaching Standards. (1994). *What teachers should know and be able to do.* Detroit: Author.

National Commission on Teaching and America's Future. (1996). What matters most: Teaching for America's future. New York: Author. ERIC ED 395 931.

Osterman, K. F., & Kottkamp, R. B. (1993). *Reflective practice for educators: Improving schooling through professional development.* Newbury Park, CA: Corwin.

Piaget, J. (1954). *The construction of reality in the child* (M. Cook, Trans.). New York: Basic Books.

Pines, A. M., Aronson, E., & Kafrey, D. (1981). *Burnout: from tedium to personal growth.* New York: Free Press.

Schön, D. A. (1983). *The reflective practitioner: How professionals think in action.* New York: Basic Books.

Schön, D. A. (1987). *Educating the reflective practitioner.* San Francisco: Jossey-Bass.

Steffy, B. E. (1989). *Career stages of classroom teachers.* Lancaster, PA: Technomic.

Steffy, B. E., & Wolfe, M. P. (1997). *The life cycle of the career teacher: maintaining excellence for a lifetime.* West Lafayette, IN: Kappa Delta Pi, an International Honor Society in Education.

Valli, l., (Ed) (1997). *Reflective teacher education: Cases and critiques.* Albany: State University of New York Press.

Vander Ven, K. (1988). Pathways to professional effectiveness for early childhood educators. In B. Spodek, O. N. Saracho, and D. L. Peters (Eds.), *Professionalism and the early childhood practitioner* (137 – 160). New York: Teachers College Press.

Yager, R. E. (1991). The constructivist learning model. *Science teacher,* 58(6), 52 – 57.

Zeichner, K. M. (1994). Educational reform and teacher knowledge. In s. Hollingsworth and H. Scokett (eds.), *Teacher research and educational reform: 97th yearbook of the National Society for the Study of Education* (66 – 84). Chicago: University of Chicago press.

Zeichner, K. M., Tabachnik, B. R., & Densmore, K. (1987). Individual, institutional, and cultural influences on the development of teachers' craft knowledge. In J. Calderhead (Ed.), *Exploring teachers' thinking* (21 – 59). London: Cassell.

第二章 实习教师

（麦克尔·J. 伯森、里克·A. 布劳尔特）

通过案例研究考察实习期

作为一名主修社会科教育的本科生，安东尼已经修完了三年半的课程。他赞成支撑建构主义学习模式的儿童中心和多元文化的观点，看起来是一个非常优秀的（stellar）职前教育学生。在方法课上，他因其创造力和对社会科的热诚而受到表扬。安东尼满怀活力与理想，来到一个经济贫困地区的中学开始了他的教学实习期。他对于他的这个安置非常兴奋，因为它提供了一个挑战自身技能的环境，自身履历（résumé）也会得到丰富。如果在这种环境中能够取得成功，那么下一学年的工作申请将会变得容易一些。安东尼将教授七年级的地理课程，这是他所喜欢的社会科的领域之一。但是，由于他在本科教育期间仅仅修过一门地理课程，因此他有些担心，觉得有必要在教学内容方面下一些工夫。

安东尼所就读的大学以配合实习的每周一次教育研讨会为其特色。在第一次会议上，安东尼被介绍给他的辅导教师，一位具有超过 33 年经验的退休中间学校校长，她除了在研讨会期间为实习生提供支持，还将进行六次实地考察，并在实习结束时给出成绩。在最初的研讨会上，辅导教师向安东尼强调，实习是其开展实验、冒险与发挥创造力的一个机会。当辅导教师得知安东尼擅长将信息技术整合进其社会科教学中时，便鼓励安东尼继续在他的七年级课堂上把信息技术作为一种工具来加以发展。事实上，她很赞赏实习生为尝试革新方法，从成败之中学习而作出的努力。

安东尼的下一步就是与他的现场实习辅导教师（cooperating teaching）贾米森先生正式见面①。之前，安东尼已经在见习期间（practicum observation）见过贾米森先生。在正式开始实习之前，他们安排了两次见面，这使得他们彼此更加熟悉，同时，也给实习教师提供了一个在活动中观察贾米森先生与其学生的额外机会。从一开始，安东尼就很喜欢这位教师维持课堂秩序和使学生投入学习的方式。他对贾米森先生在课程与纪律之间的游刃有余深感敬佩。

为了做好向课堂教师过渡的准备，安东尼决定上一堂令人兴奋的课让他的学生们叫绝，并以高超的教学技能让他的现场辅导教师惊讶。他觉得贾米森先生的许多教育策略缺乏独特性，并且往往受教科书所驱使。安东尼花费了许多时间备课，甚至熬夜准备他的课程。在他的日志之中，他提到疲劳已经成为其每天生活的家常便饭。他的精疲力竭很快就转化为急躁与缺乏耐性。

安东尼最初授课尝试的结果喜忧参半。在第一个星期，他的权威受到了一个身高、体重跟他差不多的学生的挑战。当安东尼环视教室想寻求帮助的时候，他才意识到贾米森先生还没有从校长办公室回来。接下来的几个星期，安东尼的教学经常被纪律问题所干扰，他几乎不能顺利地完成整个授课计划。他几乎总是带着没有完全完成任务的感觉回到家中。为了保证宝贵的授课时间，安东尼开始表面应付课堂上的骚乱。他很快就发现自己需要更多地依赖传统的教学方式。

尽管安东尼起初对能够将信息技术整合进自己的教学之中感到很兴奋，而且也已经成功地开发了卓越的教案，但是安东尼发现他的班级中只有一台没有联网的电脑。更糟糕的是，他根本无法动用曾经在大学学习课程时可用的硬件。

安东尼的有些课是成功的，例如，他旨在让学生画一张可以识别全

---

① 在英文中，supervising teacher 指的是大学方面的实习指导教师，而 cooperating teacher 则是指由实习学校方面指派的实习辅导教师。——译者注

世界食品生产中心的地图的合作小组计划。但是，安东尼的其他一些课，虽然也同样是精心准备的，但是却显得支离破碎。在与大学指导教师和现场辅导教师讨论他的成功与失败之后，安东尼与大学指导教师在如下方面达成了一致，即安东尼确实完成了大量工作，当他在地理课堂上安排亲身实践活动（hands-on activities）的时候，他就能非常成功地使学生们参与其中。但是，贾米森先生认为亲身实践计划过于浪费时间，而在学习上却没有产生多少效果。

安东尼决定继续他的这种教学偏好，在地理课上安排更多的亲身实践活动。在接下来的实习期中，他发现学生很喜欢这些活动，但是他却经常因“秩序失控的课堂”而要面对现场辅导教师与校长的批评。安东尼承认，自己在尝试各种不同教学方法的时候放弃了课堂教学的结构与连贯性。

安东尼实习经历中的最大打击来自他第一次举行单元测试与测试评分之后。学生的表现非常糟糕。安东尼去见了他的大学指导教师和他的现场辅导教师，他们认为他过于依赖与教材配套的测试包来建构自己的评价工具。这个评价策略并没有反映安东尼承担这个班级教学之后的教学任务和学生发展的知识基础。贾米森先生担忧学生并没有学习到足够的内容。

进入实习期的第七个星期，安东尼变得大失所望。要同时把握七年级 115 个学生的需求，准备教案，批改作业，建立自身的履历以及接受评价，他被这些事压得喘不过气来。重新回顾他的日志记录的时候，他发现自己的行为恰恰正是他所谴责的那种糟糕教学的标志——过分依赖教科书来引导授课进程，以威胁和提高嗓门的方法来约束学生。安东尼最初认为以他的年轻能够使学生像伙伴一样跟他交流；但进入第八周，他发现自己已然成为了另一个专横的成人，他命令学生去完成不相关的活动。

他在去图书馆、上网查找背景信息，以及先于他的学生阅读课文上面花费了很长时间。为了试图涵盖尽可能多的内容，安东尼开始在 50 分钟的课堂上对着学生喋喋不休。学生呆滞的凝视、委靡的眼神，甚至还有鼾声，都在告诉他，他很令人厌烦而不是很有见识。但是，当他发现已经与某个学生建立起了一种关系的那些短暂瞬间，他感到劲头倍增。例如，他在他的地理书上面发现了一张纸条，上面写着：“谢谢 K

老师在我的计划方面给予的帮助。你是我最喜欢的老师。我喜欢你的领带。为了星期三的音乐独奏会，你能教我打领带吗？——安德烈”。

实习期的界定

根据安东尼的发展阶段与经历，他是实习教师的典型。他已经成功地完成了他的实习课（practica），并且能在全日制的教学实习期间继续发展他的技能。正如许多实习教师一样，安东尼有了一系列最初进入教学职业的情感经历。他的理想主义伴随着焦虑、受挫、理想破灭、自鸣得意、恐惧以及不安全感。他仍然需要辅导，这主要是因为他在影响教师的组织、管理、人际关系的许多方面仍然保持着天真的想法。正如拉斯特（1994）所述，实习使安东尼第一次集中面对以下这些问题：

> 每天，甚至每个小时都在困扰着教师的各种不同需求之间的微妙平衡问题；实现互动性学习所需的计划和思考教学的时间；为了在学校和教师职业中建立一种支持系统所必需的网络建构问题；使学生能够为其行为承担责任的课堂设计与课堂管理的细节；为在学校中的生存与变革所必需的政治敏感性。

实习期包含着个体开始定向于教师职业这一时期。这种定向包括始于实习课的经验，并贯穿于整个教学实习而不断发展的一种过程。这个时期的基本发展任务就是探察并拓展个人的视野。职前教师需要一种包括学科内容、教育学以及专业主义的知识基础。此外，这一过程需要巨大的勇气、精力、对含糊不清的事物的容忍以及冒险的意愿。实习教师致力于探察各种现有的可能性，形成对自己作为一名教师的初步界定，并开始一种由日常活动需要接受持续指导向作为专业人员独立发挥作用过渡。获得独立性的这种需要，也许会使实习教师在感受到高度压力的情况下向辅导教师寻求建议与支持的时候产生矛盾的心情。

实习教师可能会因为其对教学工作的期望与课堂和学校的现实的冲突而感到困惑，甚至不知所措。他们非常突然地陷入一种反差的情境之中。他们被置于关注外在表现的课堂表演者角色的地位。他们经常为使自己像个教师样子而精疲力竭，从而错过了理解学生行为复杂性的机会。实习者通常都是带着未经检验的教育学假设进入实习期的。他们对一套严格的信念系统的过度依赖会阻碍其认识到他们的决定与行为将接受公开的检视（Howey & Zimpher，1996）。

作为一名实习教师，安东尼疲于应付组织教学内容的任务。尽管他渴望表现优秀，但是他实际上是努力做到胜任课堂教学。他很关注设计完美的活动或作业，但是他对学习、受教育以及促进学生的智力和个人成长的过程等的真实意蕴，缺乏更广泛意义上的理解（Metzger，1996）。作为一名职前教师教育的学生，安东尼常常因为教授要求他应为自己的想法负责而备受鼓舞。但是，安东尼错将自己的学习能力（empowerment to learning）当做经验的替代物了。

各种可选的培养模式

虽然安东尼代表着典型的职前教师，但是，趋向实行非传统教师资格证书制度和从其他职业招聘教师的趋势，使得描述实习期教师的需要的特征要比对于其他发展期的描述更加困难。将进入教师职业的传统与非传统路径加以结合，这意味着一位职前教师有可能是任何人，他也许是一位指挥数千年轻士兵的45岁海军军官，也许是一位18岁的女士，她从未离开过位于中东部的家乡小镇，但是非常希望从事教学工作，因为她非常乐于照管她的兄弟姐妹。这两种人也许都处于实习期，但是用以支持他们成长和防止他们退缩的策略，却是极其不同的。

情况也会因为教师培养方案可选范围宽泛而变得更加复杂。上述那位退役海军军官也许会接受为期几年的安排有广泛实践体验的传统教师教育课程。那位18岁的女士也许毕业于数学专业，学习一些教育心理学和教育学方面的暑期课程，在一位资质很成问题的辅导教师指导下进行长达一个学期的实习，然后被派去教一群处于不利地位的城市学生，以实践她的新技能。要预测哪位教师候选者将能够在学校生存下去并获得成长，以及哪位会坚持了一年，几乎不可能。

由学校向工作环境的过渡

大多数实习教师都有两种共同的经历，即在教育学院学习过一些培养课程，并且在辅导教师指导下，在小学、中间学校、中学获得一些实践经验。在这些场景下，或者会建立起专业成长的基础与趋向，或者会因培养不当、指导糟糕而播下了早期退缩的种子。当我们思考如何促进成长、防止退缩时，研究可控因素，特别是教师教育课程和早期实地经验（field experience）的性质是非常重要的。回顾当前教师教育计划中的某些主要特征和假定是非常有益的，因为他们可能有助于或可能阻碍教师向学徒期的过渡。

教师教育者，至少可以追溯到杜威（1904，1910，1938），早已提出了培养教师具备满足各种学生需要的全部技能的重要性。最近，阿普尔（1996）、伯恩斯坦（1990）、利斯顿和蔡兹纳（1991）提出了教师需要将其工作视为植根于文化情境，并且作为变革者与决策者而感到被赋权（empowered）。然而，一些教师教育者所采用的课程与方法非但不能满足这些标准，而且在许多情况下会阻碍重要特征的发展。弄清楚为什么会出现这种失败，是非常重要的，因为诸如反思性和独立决策之类的特质是专业发展与成功的关键所在。

在先前的案例中，安东尼经历的某些事情，往往都是因为教师教育计划没有为他们的毕业生如何面对学校生活的现实做好准备。温曼（1984）称之为一种现实挫折（the reality check），就是实习教师经受的“在教师培养过程中建立起来的传教士式的理想因为严峻的、残酷的日常教学生活而坍塌”的那一刻。如果导致现实挫折的事件非常严重，而且也没有以任何有意义的方法加以处理，那么结果就可能导致教师较早地从教学工作中撤出。至少，实习教师减少由于官僚的标准、学校教育的结构性特征和教师参照群体所带来的不协调的尝试，可能会导致教师退缩为接受更加守旧或者保守的（custodial）教学观点（Buchmann，1990；Bullough，1992；Veenman，1984；Wideen，Mayersmith & Moon，1998）。安东尼所经历的事情并非是罕见的。即使是一位具有很多早期实践经验的职前教师，伴随其教学实习时间的延长和投入程度的增加，总是会暴露出课堂现实与教师教育计划适切性（relevance）之间的紧张状态。

尽管近年来开展了许多改革，但是教师教育仍然严重地依赖于所谓的“假定性知识”（propositional knowledge）——以相对被动的方式传授的大学本位课程和关于教学方法的信息。除了关于教学工作的基础和理论知识之外，也有强大的理由支持在学科内容方面提供坚实背景的重要性（Bullough，1992；Feiman-Nemser & Buchmann，1989；Goodlad，1990）。但是，知识被传达给未来教师的方式经常会妨碍该知识与课堂教学的整合。正如布克曼与施威尔（1983）所观察到的那样，“直接经验被作为教育的手段和内容获得绝对的信赖，它是‘实事求是的’、个人性的、感性的和实践性的。而书本中的观念相对而言却是苍白的”。教师教育者经常倡导建构主义教学实践，但是他们自己却不应用它。他们往往没有认识到职前教师在进入专业培养阶段时已经具有的强大信念与假定。在这一过程之中，教师教育者经常会错过理论联系实践的良机，或者是在无意识中强化了实习教师的有限视野。

如下三个方面的实习经验在职前培养过程中通常没有得到充分的关注：学校文化的复杂性，反思性实践的培育，职前教师的想当然性假定。当实习教师走进教室的时候，他们发现的只是孤立的环境，还发现教学环境是受多种因素影响的。课堂决策的每一个步骤都要受到管理方针、经费使用的限制、社区压力、家长关注、州的政策等的影响。实习教师怀着理想、热情与好的想法来到教室，但是却没有带来多少“市井精明”（street smart）。然而，许多教师教育者却坚持将变革的重担压在新教师的身上，让他们执行大量革新实践，成为改革运动中的牺牲者（Breault，待出版）。正如威迪恩等人所描述的那样：

> 教学实习体验的实践压力看起来限制了职前教师的能力与倾向，使之除了谋求生存之外无所作为……而且，教师教育者的变革日程持续并加剧了在职教师与准教师之间感觉方面的差距。

对于大多数新任教师来说，他们能够做的最好的事情，就是混过他们工作的第一年，并获得理解自身课堂教学工作所需的经验。实习教师进入了一个采取行动属于必履使命（imperative）的职业。他们有很好的理由去坚持认为，他们最需要做的就是“学会像一个课堂教师那样举止言谈”（Boud，Anderson，Sullivan & Swidler，1993）。

实习教师常常依赖于现有的课程、教科书的建议，强调课堂控制，这丝毫不足为奇。但是，许多教师教育者所提供的方法课程都是鼓励在每一个科目领域中重新设计课程和满足每一个学生的需要，而不是鼓励他们在学校文化背景下，在从事教学工作的第一年进行渐进的变革。温斯坦（1998）甚至认为，教师教育者难辞使教学行为“失语”（dumbing down）之咎，因为他们过于强调一种观点——只要应用一定的方法，学生的学习就是不成问题的。年轻的教师总是被鼓励去寻找他们自己“感觉正确”的个人教学风格；而且在面临失败的时候，也经常回避开展应该如何去做的讨论。温斯坦（1988）指出：“含义是，教学是一种本能，而非后天习得的，根本就不存在任何比其他方式更有效的特殊行为模式。”研究表明，在专业发展的场所接受培养的职前教师，更善于依靠自己取得成功；但是，即使在这些案例中，经验的质量也是至关重要的（Levine，1992；Lewis & Walling，1996；Powell & McGowan，1995）。

教师教育者并不是唯一因为实习教师经受的紧张而应该受到谴责的人；实习教师学习技能的学校也要承担同等的责任。实地经验并不是更深度地着力于专业问题、冒险和批判性反思，而往往是告诉实习者要表现服从，要反思自己负责的教学实践的价值（Ginsburg & Clift，1990）。学校现场所珍视的特征经常是与大学重视的相反，而且在某种程度上，也与新任教师重视的相反（Darling-Hammond，1994；Veenman，1984）。现场辅导教师缺乏弹性或所受培训不足、后勤保障艰难、交流不畅以及学校文化，使现有做法与假定得到强化和合法化，这一切使许多早期的实地经验备受困扰（Feiman-Nemser，Buchmann，1989；Giebelhaus & Bowman，1996；Ginsburg & Clift，1990；Hult & Edens，1998）。

新任教师在教育儿童方面都趋向于进步主义的、人文主义的理念。但是，这些信念主要在大学学习的岁月里出现，却很少会像其他比较保守的教学观念那样变得根深蒂固。与大学里的结构化知识讲述相比，大多数职前教师更重视通过直接经验而发生的学习（Bolin，1990；Buchmann & Schwille，1983；Howe & Zimpher，1996）。新教师很快就会了解到，学校需要的是稳定、称职、负责任的教师。在他们职业生涯的这一阶段，新教师仅仅是希望能够适应其他教师（Alexander，Muir，& Chant，1992）。由于有这样的考虑，当实习经验要质疑任何革新的方法或者大学课程学习中所建议的关于儿童发展的理解时，实习教师就必须在是取悦于具有最终评分权力的大学指导教师，还是取悦于反映市场力量的未来雇主之间作出选择。事实上这并非是一种轻松的选择。

连续性的线索

在实习过程中，要求一致的压力，已经导致实习教师不能充分发展批判性反思的能力。思考与清晰表述自己教育决策的能力，不仅仅是有经验教师的无私目标；它对于想要在已经制定教师标准——如达林-哈蒙德（1992）在州际新教师评价与支持联合体（INTASC）所提交的一篇文章中所建议的标准——的州获得教师资格证书的职前教师而言，也是至关重要的。对于学生知识的批判性地思考和应用、评价实践、文化多样性、学校人事以及社区——州际新教师评价与支持联合体的标准所建议的能力——并非源于直觉或者本能。它们必须是通过观察与实践才能习得的能力。职前教师需要尽可能早地在模拟探究、同事合作（collegiality）、信任、冒险、相互支持的情境中获取经验，然而，这些情境在传统的实践经验中却很难找到（Bliss & Mazur，1997；Conle，1996；Giebelhaus & Bowman，1996；Levine，1992；Powell & McGowan，1995）。

尽管许多大学都拥有一定的学术氛围，但是它们却未能培养教师的批判性反思能力。大学校园的话语中充满了有关反思必要性的阐述，但是，一旦大学的课程学习（coursework）与实习经验重叠的话，重视的还是理论，对方法论的关注依然有限。问题与其说在于缺乏理论内容，倒不如说是在于缺乏理论与实践之间的有意识联系，以及未能提供使理论联系实际的经验与活动。学生几乎没有足够的时间进行反思，或者几乎没有课堂教师和大学教授为他们提供模仿批判性反思教学的机会（Ginsburg & Clift，1990；Howey & Zimpher，1996）。博林（1990）发现，诸如日志之类的反思工具，没有受到大学指导教师的认真对待，相反变成了使实习教师远离严峻问题的沉闷练习。教师教育者似乎基于这样的假定行事，即一旦职前教师获得了理论背景与实习经验，他们就会自己进行理论与实践的结合。但是，大多数情况并非如此（Carter，

1990；Feiman-Nemser & Buchmann，1989）。

先前信念的作用

决定实习教师向学徒期过渡成功与否的最有力因素之一，就是这个人本身所持有的一套信念以及这些信念如何因为教师教育经历而发生变化。再说一遍，传统的教师教育方式一直强调命题性知识（propositional knowledge），这会导致对学生根深蒂固的信念的轻视甚至忽略（Howey & Zimpher，1996）。未能将这些信念和过去的经验整合进大学课程学习和当前的实习经验之中，很可能会强化一种教师教育计划普遍都缺乏适切性的感觉（Alexander et al.，1992；Bolin，1990；Lortie，1975）。

教师教育有时候被认为是一种延迟的策略，实习教师将其看做“从事教学工作的主观保障（subjective warrant）”（Lortie，1975）。这种观点在主修小学教育的实习教师中间尤其盛行，他们通常把“热情”、“耐心”、“爱学生”作为使自身成为好教师的个人品质。他们以为，一些常识、他们自身对学校的记忆以及教师的指导，将为他们提供教育学生所必需的学科内容，而教师教育课程将有助于他们获得教学技能和掌控课堂的方法（Wideen et al.，1998）。从上述观点出发，教师教育者就被视为是能够参与现有对话、改变话题、期待（他人）热情参与的人。许多教师教育者认为，职前教师会将教师专业的一些原则作为一种既定的东西，并依据这些来调整他们作为学生时建立起来的信念和观点。在现实中，几乎没有职前教师通过运用研究推出的原理来预测教学决策的可能效果，以思考他们未来的教学工作。许多职前教师认为，教师专业的一些原则是需要对照其在学生时期建立的既定信念来予以证明的观念（Holt-Reynolds，1991）。即使他们的观念是不合适的，这些原理也不能被看轻，因为它们在决策和如何界定有效教学方面发挥着核心作用。

实习教师将自己的先前信念作为一种解释性透镜，他们正是透过这种透镜来处理或“读取”有关教学工作的新信息，并决定什么是切实可行的（Alexander et al.，1992；Bird et al.，1993；Bramald，Hardman & Leat，1995；Holt-Reynolds，1991）。尽管那些信念根深蒂固，潜藏不露，且不易改变，但是有证据表明，通过职前教师教育是有可能改变和提升信念结构的精致性（sophistication）的（Bramald et al.，1995；Bullough，1992；Levin & Ammon，1992；Wideen et al.，1998）。通过在培养过程的早期识别与考察先前信念，引入新的与现有个人图式相关的教与学的观念，新教师也许更加能够，也更加有可能将一些理论方面的思考与研究成果吸收到他们的教学决策之中。

实现实习期向学徒期轻松过渡的益处有三层意义：首先，对理论与研究的新的开放性能够减轻中小学与大学之间的紧张关系，继而能够有助于减轻实习教师的不适合或不胜任的感觉；其次，自我知识和整合理论与实践能力的提升，不仅可以提供用以解决课堂问题的一个更大的策略支持系统（repertoire of strategies），而且能够提高批判性反思能力；最后，当教师教育者洞察到实习教师的教育学理念及其过去经历的重要事件时，他们将会更好地识别出莱文与安蒙所谓的“杠杆作用点”（leverage point），从而更好地帮助未来的教师在需要的领域成长与发展。

充分利用先前经验

研究者已经建议了许多方法，运用这些方法，教师教育者可以帮助实习教师将先前信念表层化，并因此将其整合到教师培养中。职前教师必须使他们所持有的信念更加清晰，并最终认识到这些信念植根于他们的自身经历、家庭、社区与学校教育中。完成这一目标的最成功方法中包括传记性活动或者隐喻性活动（Bullough，1992；Conle，1996；Veenman，1984）。霍尔特-雷诺兹（1991）建议教师教育者开展如下活动来帮助职前教师发掘自身的信念。

• 开展讨论，在讨论中要求学生通过明确与其生活史中的重要事件以及对这些事件的解释的方式，来支持他们自己的观点。

• 布置分析论述性作业，诸如作为有经验的学生的自我和作为缺乏经验的教师的自我之类题目的作业。

• 通过担任辅导角色与案例研究来发展关于他人作为学习者的更广泛知识。

• 描述在开发课程大纲、阅读与活动中所运用到的决策与反思过程。

专业发展的策略

描绘教师教育状况如此令人气馁的一幅图画，也许会给读者留下狄更斯（1923）小说中埃比尼泽·斯克鲁吉向已到来的圣诞幽灵发问的那种感觉——“你大概是要带我去看还没有发生、但在未来时间里将要发生的事情的影子吧?”① 教师培养中的几个趋势为我们展示了一些希望，就像吝啬鬼所希望的那样：“如果偏离［目前的］课程，那么结果也将会改变。”然而，如果这些变化未被充分考察，已经提到的问题也未得到解决，那么单纯的课程方面的变化则是不够的。

在过去的15年间，诸如教师专业发展学校（PDS）运动这样的在中小学与大学之间建立积极伙伴关系的努力，已经取得了巨大的动力。在许多（如果不是大多数的话）教师教育计划中，都可以发现当今专业发展学校模式的多样变化。这种伙伴关系所提供的向教师职业更有效过渡的潜力是巨大的，但是在这样的伙伴关系中创设理想的条件是一个很复杂的过程（Berry，Boles，Edens，Nissenholtz，& Trachtman，1996；Hult & Edens，1998；Teitel ，1996）。

专业发展场所由于极其强调教师、学生以及在职学习和职前学习之间的关系，因此，能够提供一种独特的环境，在这种环境中，专业发展过程中的教学法能够适合中小学课堂中所期望的教学法（Acquarelli & Mumme，1996；Hult & Edens，1998）。通过伙伴关系提供的校本经验能够使职前教师沉浸于彻底的学校环境之中，并能够比以传统大学为本的教育计划更有效地使他们进入教师专业（Lewis & Walling，1996；Lieberman & Miller，1990）。最重要的是，一种积极的“中小学—大学伙伴关系”能够展现理论与实践的整合，以及实践对理论的贡献。

但是，这些变化并不足以保证实习教师一旦开始教学就能够贯彻这些新的理念（Levine & Ammon，1992；Wideen et al. ，1998）。实习教师必须不仅有能力清晰表达自己的思想，而且还能够在实践中展示自己的思想。档案袋发展能够实现上述两种任务，但是关于档案袋的

---

① 源自英国著名小说家查尔斯·狄更斯所著的《圣诞颂歌》，主人公为吝啬鬼埃比尼泽·斯克鲁吉（Ebenezer Scrooge）。此处参考上海译文出版社1998年出版的《狄更斯文集·圣诞故事集》（汪倜然等译）。——译者注。

内容和建立档案袋的过程，仍然需要进一步的研究。一种能够使实习教师更加平稳与成功地度过每一个职业生涯周期的教师教育计划，就是培养他们做好过渡准备的教师教育计划。每一个周期都会为教师在专业思想方面带来一些变化，但是，最为激烈的一次过渡也许就是实习教师所经历的由学生向专业人员的过渡。档案袋如果能够得到有效利用的话，那么它就能够帮助实习教师确立起实现这样的过渡所需的自我知识水平和责任感（Antonek，McCormick & Donato，1997；Sherbet，1996—1997）。

对研究与实践的建议

实地教学经验，无论是在伙伴关系学校还是在任何其他环境中，都是正规教师教育中最具意义的组成部分。诺尔斯、科尔以及普雷斯伍德（1994）发扬了杜威的精神，并通过追加如下观点来提升了他们的主张："仅仅有经验或者参与活动，那是不够的；一切都取决于已有经验的品质，不仅取决于这些已有经验是多么令人惬意，而且取决于其对后来经验的影响。"那么，建议研究的第二个领域就是探究在实地教学中传统的一个教师管理一个班级的（one-class/one-teacher）的安置方式，以及"凭感觉"（by the seat of your pants）学习的重点的变化。鉴于现在的大学教师把大量时间花在实践领域，那么就必须投入更多的精力去发现在那段时间到底都发生了什么，以及从实践经验中产生了什么样的结果。

古德莱德（1990）是最早，也是最为强烈地批判这种模式的人之一，他称每间教室安排一位新教师和一位现场辅导教师这种模式为"一种具有严重缺陷的方式"，这种方式"无法培养未来的教师成为整个学校的职员"。他倾向于将学生分配到学校而不是教室，这就像一位学医的学生被分配到医院而不是分配给某一特定的人一样。

卡特（1990）认为，自然班级的环境可能会令人困惑，他建议实习教师应该很好地将自己的注意力转向与行为趋向（the stream of action）无关的那些方面。正如卡特（1990）所谈到的：

以对教学事件的分析性理解为基础而设计的建构性、指导性经验，通常比那些自然状态下的经验更具教育性，因为更易于接触到基本的认知维度。反过来，这样的经验又可以为在更多自然情境中的知识建构提供认知基础。

同样，博林（1990）也建议教学实习应该变成更具有“保护性的经历，学生在这种经历中能够从正规的生活需要中抽身‘暂停’，并可以全神贯注于专业方面的问题”。以这种方式，经验才能有助于培育自我反思以及对自身的更深刻透视。

出于对传统实习经验观的挑战，大量研究发现，传统的教学实习三元组——职前教师、现场辅导教师、大学指导教师——促成的是一种非反思性、非批判性培训经验。即使当实习教师明显地表现出缺乏学科内容方面知识的时候，现场辅导教师与大学指导教师也没有注意到或者愿意对其进行评论（Feiman-Nemser & Buchmann，1989）。同样地，泽兹纳和利斯顿（1985），盖布尔豪斯和褒曼（1996），格里麦特和拉茨拉夫（1986）以及麦金和克林丹斯特（1998）都指出，现场辅导教师往往尚未做好准备就成为辅导教师，因此他们的反馈也总是犹豫不决的（tentative）。而且，许多大学指导教师也没有做好准备为实习教师提供有意义的反馈。

教师的职业生涯周期模型对于致力于培养实习教师的教师教育者以及辅导教师具有非常重要的意义。它要求将职前教育看做跨越整个教师生涯的连续体的一端（end）；实际上，它就是整个渐进过程的第一步。早期的职前教育课程学习与实习经验的设计应该牢记让学生成功完成教学实习。教学实习，也就是从实习期向学徒期的过渡期，应该增加实习教师的胜算（odds），使之能够达成最初几年学徒期的教学目标，从而进入专业时期，并顺利地走过职业生涯的所有时期。

在未来教师身上培育的特征，必须要超越教学技巧，深入到能够影响其整个职业生涯的心情或性情。教师教育者必须重新审视其教师教育计划向处在复杂环境中的实习教师传达现实期望的方式，提供既重视理论也看重实践的实习经验，培养批判型反思实践者。只有极度关注这些因素，教师教育者才能帮助实习教师将他们的理想主义、保守的背景、自信和不确定性，转换成能够抵御梦想幻灭感和倦怠现象，这两种情况都可能会过早地结束或者限制了教师的职业生涯。

参考文献

Acquarelli, K. , & Mumme, J. (1996). A renaissance in mathematics education reform. *Phi Delta Kappan*, 77(7), 478 - 482, 484.

Alexander, D. , Muir, D. , & Chant, D. (1992). Interrogating stories: How teachers think they learned to teach. *Teaching & Teacher Education*, 8(1), 59 - 68.

Antonek, J. L. , McCormick, D. E. , & Donato, R(1997). The student teacher portfolio as autobiography: Developing a professional identity. *Modern Language Journal*, 81(1), 15 - 27.

Apple, M. W. (1996). *Cultural politics and education*. New York: Teachers College Press.

Bernstein, B. (1990). *The structuring of pedagogic discourse, Vol. 4: Class, codes, and control*. London: Routledge.

Berry, B. , Boles, K. , Edens, K. , Nissenholtz, A. , & Trachtman, R. (1996). *Inquiry and professional development schools*. Paper presented for the National Center for Restructuring Education, Schools, and Teaching, Teachers College, Columbia University, New York.

Bird, T. , Anderson, L. M. , Sullivan, B. A. , & Swidler, S. A. (1993). Pedagogical balancing acts: Attempts to influence prospective teachers' beliefs. *Teaching & Teacher Education*, 9(3), 253 - 267.

Bliss, T. , & Mazur, J. (1997, February). *How INTASC standards come alive through case studies*. Paper presented at the annual conference of the American Association of Colleges of Teacher Education, Phoenix, AZ.

Bolin, F. S. (1990). Helping student teachers think about teaching: Another look at Lou. *Journal of Colleges of Teacher Education*, 41(1), 10 - 19.

Bramald, R. , Hardman, F. , & Leat, D. (1995). Initial teacher trainees and their views of teaching and learning. *Teaching & Teacher Education*, 11(1), 23 - 31.

Breault, R. A. (in press). The sound bite curriculum. *The Teacher Educator*.

Buchmann, M. (1990). *Making new or making do: An inconclusive argument about teaching*(Issue paper 90 - 7). East Lansing, MI: National Center for Research on Teacher Learning. ERIC ED 325 457.

Buchmann, M. & Schwille, J. R. (1983). Education: The overcoming of experience. *American Journal of Education*, 92(1), 30 - 51.

Bullough, R. V. , Jr. (1992). Beginning teacher curriculum decision making, personal teaching metaphors, and teacher education. *Teaching & teacher Education*, 8(3), 239 – 252.

Carter, K. (1990). Teachers' knowledge and learning to teach. In W. R. Houston (Ed), *Handbook of research on teacher education*(291 – 310). New York: Macmillan. Conle, c. (1996). Resonance in preservice teacher inquiry. *American Educational Research Journal*, 33(2), 297 – 325.

Darling-Hammond, L. (Ed). (1992). *Model standards for beginning teacher licensing and development: A resource for state dialogue*. Unpublished paper. Washington, DC: Interstate New Teacher Assessment and Support Consortium.

Darling-Hammond, L. (1994). *Professional development schools: Schools for developing a profession*. New York: Teachers College Press.

Dewey, J(1904). The relation of theory to practice. In C. Murray(Ed.), *The third NSSE yearbook: Part I* (13 – 23). Chicago: University of Chicago Press.

Dewey, J. (1910). *How we thing*. Buffalo, NY: Prometheus.

Dewey, J. (1938). *Experience and education*. New York: Macmillan.

Dickens, C. (1923). *A Christmas carol*. New York: Macmillan.

Feiman-Nemser, S., & Buchmann, M. (1989). Describing teacher education: A framework and illustrative findings from a longitudinal study of six students. *Elementary School Journal*, 89(3), 365 – 378.

Giebelhaus, C. R., & Bowman, C. (1996, October). *The impact of cooperating teacher training on the professional development of student teachers*. Paper presented at the annual conference of the Mid-Western Educational Research Association, Chicago.

Ginsburg, M. B., & Clkift, R. T. (1990). The hidden curriculum of preservice teacher education. In W. R. Houston(Ed), *Handbook of research on teacher education*(450 – 650). New York: Macmillan.

Goodlad, J. I. (1990). *Teachers for our nation's schools*. San Francisco: Jossey-Bass. Grimmett, p. p., & Ratzlaff, H. C. (1986). Expectations for the cooperating teacher role. *Journal of Teacher Education*, 37(6), 41 – 50.

Holt-Reynolds, D. (1991). *The dialogues of teacher education: Entering and influencing preservice teachers' internal conversations*. (Research Report 91 – 4). East Lansing, MI: National Center for Research on Teacher Learning. ERIC ED 337 459.

Howey, K. R., & Zimpher, N. (1996). Patterns in prospective teachers: guides for designing preservice programs. In F. B. Murray(Ed.), *The teacher educator's handbook*(465 – 505). San Francisco: Jossey-bass.

Hult, R. E., & Edens, K. M. (1998, April). *Collaboration: A key to success of early field experiences*. Paper presented at the annual meeting of the American Educational

Research Association, San Diego.

Knowles, J. G. , Cole, A. L. , & Presswood, C. S. (1994). *Through preservice teachers' eyes: Exploring filed experiences through narrative and inquiry*. New York: Merrill.

Levin, B. B. , & Ammon, P. Z. (1992). The development of beginning teachers' pedagogical thinking: A longitudinal analysis of four case studies. *Teacher Education Quarterly*, 19(4), 19 - 37.

Levine, M. (Ed). (1992). *professional practice schools: Linking teacher education and school reform*. New York: Teachers College Press.

Lewis, M. , & Walling, B. (1996, April). *Development of professional identity among professional development school preservice teachers: Longitudinal and comparative analysis*. Paper presented at the annual meeting of the American Educational Research Association, New York.

Lieberman, A. , & Miller, L. (1990). *Teacher development in professional practice schools. Teachers College Record*, 92(1), 105 - 122.

Liston, D. P. , & Zeichner, K. M. (1991). *Teacher education and the social conditions of schooling*. New York: Routledge.

Lortie, D. C. (1975). *Schoolteacher. A sociological study*. Chicago: The University of Chicago Press.

Mackin, J. , & Klindienst, D. B. (1998, April). *Creating a community of science educators: Perceptions of preservice teachers and inservice teachers on their professional development experiences*. Paper presented at the annual conference of the American Educational Research Association, San Diego, CA.

Metzger, M. (1996). Maintaining a life. *Phi Delta Kappan*, 77(5), 346 - 351.

Powell, J. H. , & McGowan, T. M. (1995). Adjusting the focus: Teachers' roles and responsibilities in a school/university collaborative. *Teacher Educator*, 31(1), 1 - 22.

Rust, F. O. (1994). The first year of teaching: It' s not what they expected. *Teaching & Teacher Education*, 10(2), 205 - 217.

Sherbet, s. (1996 - 1997). Portfolio development: A journey form student to professional. *Career Planning & Adult Development Journal*, 12(4), 35 - 39.

Teitel, L. (1996). NCATE PDS *standards literature review*. Washington, DC: National Council for Accreditation of Teacher Education.

Veenman, s. (1984). Perceived problems of beginning teachers. *Review of Educational Research*, 54(2), 143 - 178.

Weinstein, C. S. (1988). Preservice teachers' expectations about the first year of teaching. *Teaching & Teacher Education*, 4(1), 31 - 41.

Wideen, M. , Mayersmith, J. , & Moon, B. (1998). A critical analysis of the research on learning to teach: Making the case for an ecological perspective on inquiry. *Review of Educational Research*, 68(2), 130 - 178.

Zeichner, K. , & Liston, D. (1985). Varieties of discourse in supervisory conference. *Teaching & Teacher Education*, 1(2), 155 - 174.

第三章 学徒教师

（玛丽·C. 克莱门特、比利·J. 恩兹、
乔治·E. 波拉斯）

通过案例研究考察学徒期

汤姆的案例

在秋季学期的中途，汤姆开始了他的第一次教学任务。他渴望成为一名专任的、正式的（full-fledged）教师，他兴奋地漫步在校园之中，这个地方就是他的知识、技能将要被付诸实践的地方。当汤姆与校长走进分配给汤姆的班级的时候，他们目睹到学生正在向别人扔东西，其中包括新买的课本。校长并没有介入此事，也没有帮助这位代课教师，而只是关好门，然后转向谈论其他话题。

在这所大规模的中间学校，校长为汤姆提供了九年级理科教师的职位，汤姆接受了该职位之后，了解到在过去的五年中，他是担任这一职位的第四任教师。与他的前任教师们一样，教学时间表要求他每个工作日都要准备五个不同班级的课程。当汤姆与学校的几位经验丰富的教师讨论他的教学任务的时候，他发现他的一位前任教师中途辞职是因为学生扔的一本书砸到了他的头上。这位教师之后的继任者仅仅坚持了三个星期。接下来来了一位代课教师，然后是另一位教师，他们每个人也仅仅维持了两个星期多一点儿。目前的这位代课教师已经度过了第一个星

期，但是书本仍然在教室里飞舞。

就像多数新教师一样，汤姆渴望成功。但是，在几个星期之内，这位曾经很乐观的学徒教师就变得相当沮丧。他在日志中写道：

> 我是怎么成为一名教师的？就在前几天我还在送比萨饼。而现在我是给150个九年级学生讲授综合理科课。他们不喜欢被教，他们没有学习的欲望。许多学生只是在等待他们的16岁生日到来，这样他们就可以退学了。我遇到了最难应付的学生。我几乎没有什么经验，而且刚刚结束我的培训。我内心敏感的一面希望我能够做出一些改变。这敏感的一面使我难以入睡，并在夜里感到不舒服。我不知道我是否能够顺利度过这个学期。我不希望明天的到来。

成为“教学的现实世界”的一部分之后，汤姆开始体验到焦虑与不确定性——这是许多学徒教师的共同感受。汤姆的现场辅导教师（on-site mentor）——既是曾经的年度优秀教师，也同为理科教师的同事，她为汤姆提供了支持与意见，但是却从来没有为汤姆推荐资料、活动以及其他由教师所创造的经验（items）。她只是最近才开始负责学校的指导部门和项目，所以她的时间极其有限。由于汤姆从她那里没有得到任何真正的支持，因此他要从别处寻求帮助。

学校的其他理科教师，因为常年在教室中授课，已经变得很麻木（hardened），他们继续沿用多年不变的课程讲授模式（lecture-format）给学生授课。他们很少让学生参与科学活动或者实验，而汤姆相信只有这种学习形式才能激发他的九年级学生的学习动机。他想采用实际参与活动（hands-on activities）形式的想法，被教室的条件所限制，因为教室既没有自来水，也没有理科教师获得成功（教学）所需要的合适设备。学生问汤姆为什么他从未像每周电视中的那个“教理科的那个很酷的家伙”那样做得“干净利落”。这位学徒教师并没有理睬学生们的斥责，他坚持并开始让他的学生参与到各种各样的项目与活动中去。

慢慢地，汤姆开始在学生中间获得了声誉，学生们认为他关爱他们，他首先将学生看做一个个体去关爱他们，其次才将他们看做一个学习理科的学生。不过，他也希望学生学习，预习课程，获得好成绩。

当学生发现汤姆给的成绩总是比以前几位老师低的时候，他们最初都很惊讶。汤姆认为许多教育者都对学生期望不高，给的分数水分很大。一些学生接受了汤姆的高标准要求，在第二次打分的时候，他们使自己的成绩提高到了 A 或者 B。

通过利用放学后的时间观看一些学生参与的课外活动，汤姆在学生中间提升了自己的形象。这一做法使他获得了学校篮球队队员的支持。尽管他在学生方面的胜利是微小的，但是他很乐于从表面价值上接受这些胜利，并在这些胜利的基础上继续取得进展。

对于汤姆来说，从学校管理者那里获取正式的观察与反馈的机会很少。在他工作的最初三个月之中，校长及校长助理每个人只来观摩过一次。在这些观摩中，他们的反馈是肯定的，但是他们根本没有就如何提高给汤姆提出任何建议，这使得汤姆很想知道为什么他们不能给出一些更实质性的指导。

随着汤姆开始获得了自信心，他也开始更多地参与到学校事务之中。在一次教职工发展活动中，汤姆遇到了其他一些学徒教师，他们与汤姆互相交换了电话号码以及 e-mail 地址。很快，一个分享观念、关切以及建议的支持网络建立起来了。多数学徒教师都认为，他们在这个网络之中的参与，将会比分配给他们的辅导教师的反馈更有效。

除了这些新的联盟以外，汤姆也开始与本校理科教研组（science department）组长交谈，他给汤姆提供了一些建议、需要购买的资料以及一些共享的观点。由于正在制订下一个学年的职员安置计划，理科教研组组长突然给汤姆重新安排了教学任务，因此，汤姆能够保留自己的教学职务。这一步是很有积极意义的，因为学区计划将所有九年级学生划归到中学。这种任务的变化意味着汤姆将会教七年级和八年级的学生。汤姆认为，这些学生会更容易接近、更容易教一些。在评估自己的未来的时候，汤姆反思了自己作为学徒教师的最初几个月，并认定自己的成功与失败都是教师成长的组成部分。而且，他也明白了事情已经开始变得顺利起来了，正如他在自己的日志中所写的那样：

> 我希望事情在一天之内就一次性得到解决。但现实的进展是需要花费时间的。我的那些九年级学生取得了一些进步，他们似乎真的开始进入学习状态了。至少他们之中没有一个人向我扔书本。尽

管学校管理部门没有给我提供很多建议，我的辅导教师也是普普通通，但是我的网络却正在发展——对我来说，明年的学生又将是一个很好的挑战。

道恩的案例

道恩在一所规模较小的小学所经历的教学实习（student teaching）是令人兴奋、疲惫的，然而却是非常有价值的。她的辅导教师精心地安排她的时间来为道恩提供“持续但却有意逐渐减少的支持”，她的校长也定期检查她的进展情况。在大多数日子里，她离开教室的时候感到这份工作是有挑战性的，更感到自己有能力、有信心做好工作。到她的最后一个学期结束的时候，道恩获得了一个教三年级的职位。她做教师的童年梦想开始变成了现实。甚至在毕业之前，道恩就不仅知道了她的同事将会是谁，而且也知道她将教哪个年级和教什么。暑假期间，她开始复习课程，开发教学单元，制作公告板，组织学习中心。

在开学前的一个星期里，道恩布置了她的教室。接下来的一周，她所在的学区提供了一个为期三天的新教师定向指导（orientation）。第一天是有关学区愿景（vision）的讲座和关于入学程序和保险政策的学习，但是其间道恩心里想的都是她班级花名册上面的名字。这些名字背后的小人儿究竟是谁呢？他们会喜欢她吗？他们的家长是什么样的人呢？道恩和其他学徒教师还参加了一所当地大学发起的研讨会，这个研讨会将提供一些及时的信息来帮助新教师们准备最初几天的工作。在研讨会期间，道恩决定报名参加专为学徒教师设计的研究生课程。

定向指导活动的第二天是与她的同年级辅导教师一起在学校现场度过的。在这次见面中，道恩获得了各种各样关于准备这个学校传统的“教师见面”下午活动和学年工作的资料。这所学校服务的是城郊的富裕居民，因此，一些受过良好教育的家长对教师也提出了很多期望。的确，家长都极力声明希望有“最好的”教师来教育他们的孩子。实际上，他们都想要一位专家型教师而不是新任教师。新教师定向指导活动的第三天，道恩与她的同年级小组碰头。他们考察了专门课程的时间表，并讨论了若干个课程观念。这天晚上，道恩由于担心大量的细节问题而失眠了。

道恩从辅导教师和年级小组那里所获得的指导帮助她成功地开始了这个学年。她非常喜欢她所教的三年级学生，经过一些努力和持续的指导，她已经能够很好地管理她的班级了。道恩发现她参加的新任教师研究生课程对她非常有帮助，特别是由于她能够选择并反思她为学生准备的选择性活动。征得辅导教师的同意，道恩可以为了适应她的需要与兴趣将其入职指导计划个性化。可以选择活动激励了道恩去尝试新的理念，从她的辅导教师那里获得额外的指导，以及对自己的实践进行更多的反思。

到了十月中旬，书面报告、委员会会议、每天的教案和成绩评定方面的要求一直不断。月末的时候，精疲力竭的道恩参加了一个作为大学课程一部分的、安排在周日早晨的支持研讨会。但她听到诸如“我也遇到了这种情况！”“你并不是孤独的，因为我也有同感。”之类的评论时，感到如释重负。道恩了解到，疲倦、沮丧、失望是其职业生涯的这个阶段的正常现象。十月末的时候，道恩反思道：

> 我拥有最好的三年级学生。我知道，去年当他们聘任我的时候，这个三年级组就确信我所教的是我有能力管理好的班级，家长也将不会再反对一位刚参加工作第一年的教师来教他们的孩子。有时候我感到好像所有的事情都凑到一起了，而有时候又觉得所有这些又都分崩离析了。参与新教师支持团队的会议绝对是有帮助的。当我们分享我们的问题的时候，我知道了，我并不是唯一要处理这些问题的新教师。我的辅导教师也提供给我许多很好的意见与大力支持。

学徒期的界定

当教师备课、授课以及评估所有的课程，并承担起管理学生的学习与行为的全部责任的时候，学徒期就开始了。对一些教师来说，学徒期始于教学实习；而对多数人来说，则始于他们被受雇从事第一份教职并开始那个学年之时。从实习教师向学徒教师的转变也许是教师发展的连续体中最为复杂的智力与情感过渡时期。

教师要面对无数个个人和专业方面的挑战。特别是如下三个领域似乎影响着大部分学徒教师。

个人和专业方面的需求。无论在年龄、教学的年级层次、性别或者职前培养的类型等方面有多少差异，学徒教师都经历了相似的心理关切(concerns)。他们希望被同事接受，他们需要发展职场友谊。另外，他们希望在他们的工作中感到胜任与安全（Gold，1992）。

在以上的案例研究中，汤姆和道恩发现他们教学工作的第一年都充满矛盾情绪，波动不定——他们同时感受到兴奋、受打击、气馁和有收获。的确，教学第一年既是谋求生存也是充满发现的一年（Enz & Carlie，1998；Huberman，1989）。

现实冲击。学徒教师的另一个共同关切就是应对全日制课堂教学的现实问题。作为一名实习教师，在现场辅导教师的直接指导之下，他几乎没有独立做过决策。现场辅导教师制定组织框架，确立管理规章和行为期望并确定课程。由于下面有这样一个教学“安全网”的存在，所以实习教师能够专心致力于发展教学策略与管理技巧。因此，大多数实习教师都是带着一种当之无愧的成就感毕业的，但是这种成就感却是一种被夸大了的关于自信心与能力的感觉。

当学徒教师独立工作，承担有关备课、课堂管理、教学和学生评价的全部责任的时候，现实冲击就开始了。同时出现的情况还有，他们往往低估完成所有工作所需的时间（Lortie，1975）。

教学条件。学徒教师适应新的现实的能力经常会受到不甚理想的教学条件的阻碍。汤姆第一年的教师经历并不罕见。正如他的故事所表明的那样，与有经验的教师相比，新教师更有可能需要进行大量的课堂准备，或者更有可能被分配教一群在行为上或学业上构成巨大挑战的学生。但不幸的是，他们是新教师，他们最无法应对这些需求。赫林·奥斯汀（1989）将对学徒教师的不当使用（abuse）概述为“教育领域的肮脏小秘密”。无论一个学区所采取的行为是否是一种系统性破坏，或是一种漫不经心的冷漠，大量研究证明，其结果对于这个职业具有破坏性的影响：几乎三分之一的学徒教师在他们到达专业期之前就离开了这个领域！很显然，教育者和管理者必须细心地重新审视新教师的入职指导方式（National Commission on Teaching and America's Future，1996）。

连续性的线索

汤姆与道恩代表了大多数的新教师——他们希望有能力教他们的学生，并成功地管理他们的课堂。然而，做好工作的期望，并不能转化为一种做好工作的能力。当学徒教师面对在某些时候不会提供那么多支持的职业现实的时候，他们会产生激烈的情绪反应也就不足为怪了。实际上，他们的情绪反应是可以预期的，研究已经发现了学徒教师在入职期间一般会经历的一种基本模式。

从兴奋到生存。最初，学徒教师是渴盼学年的开始。见到自己的学生，开始自己的职业生涯，他们感到非常兴奋。他们会花费很多时间去准备课堂教学和建立学习单元。但是，大约在开学的第一个月内，学徒教师就因为要承担大量的责任而不知所措。伴随着每天备课、评分、家长—教师会、课程会议以及管理学生行为这些看起来永无止境的工作，学徒教师的这种感受会一直持续下去。这个时候，学徒教师可能会对教学工作变得失望，并有可能开始退缩。

从失望到恢复活力。学徒教师通常对自己的能力会有一些不现实的期望，他们觉得自己能够用不熟悉的课程去教会各种各样的学习者。当乐观开始转变成悲观的时候，他们也开始对教师职业变得沮丧、失望。不幸的是，许多学徒教师因为他们担心同事们会认为他们无能，而不愿意将他们的关切告诉他人。他们经常通过自我孤立来处理这些担心。由于孤军奋战，所以学徒教师戒心十足，更加觉得不能胜任，压力也会更大，因此也会进一步退缩（Huling-Austin，1989）。幸运的是，诸如传统的假日之类的即时休息，可以使教师停下来休整一下，思考并反思自己所学到的东西以及如何做他们才能提高的问题。虽然多数的学徒教师能够从这样的间歇中恢复活力，但是一些人在间歇之后甚至会更加气馁、沮丧，从而导致他们质疑自己的职业选择（Murphy & Moir，1994）。

如果任其孤独下去，许多学徒教师就滑向了更深层的退缩，直到他们最终决定离开这个领域。那么教育专业如何才能阻止学徒教师的退缩呢？

专业发展的策略

汤姆与道恩都在他们的第一年面临着许多挑战。道恩由于获得了来自于其所在学区和当地大学的全面支持，因此她所面临的挑战不仅激励着她去反思，而且鼓励了她的专业成长。尽管汤姆被分配了辅导教师，但是他很少受到指导。实际上，汤姆唯一获得的支持来自于一个由其他学徒教师组成的非正规网络，而这个网络基本上是偶然形成的。由于有这么多的教育者离开了这个领域，所以对于新教师的支持太重要了，不能听其自然。

大多数教育者都理解成为教师是一种令人胆怯的工作，大多数的人也都同意新教师需要支持。对新教师进行支持的类型与水平在各个州、各个地区都是非常不同的。入职指导计划或许由州教育厅作为资格证书进程中的一部分强制实施，或者由学区或者地区教育署作为一种教职员发展要求而执行，或者由大学人员作为硕士课程计划的一部分来予以提供。

有效入职指导计划的原则

无论推进学徒教师专业发展的计划始于州一级，还是始于学区一级，入职指导计划必须做到：（a）是即时性的；（b）以学徒教师的发展需求为基础；（c）综合地编排进学校系统的结构之中。

即时性的。有效的入职指导计划实际上在聘任过程之中就已经开始提供支持了（Clement，1999）。学区人员应该在面试过程中向新聘任的教师清楚地解释获得帮助的领域。一旦作了聘任的决定，校长应该鼓励学徒教师尽可能快地熟悉学校和社区。不幸的是，许多学徒教师无法享有为具体的年级或者学科做些准备的机会。许多任教第一年的教师仅仅是在开学之前才被聘任。另一些教师虽然被聘任，但是直到招生方式和雇佣需求被确定下来的时候才被分配教学任务。然后当学校的招生规模超过预期的时候，还会有些教师在开学之后才被聘任。

发展性的。作为一个刚刚开始工作的心理学家，卡尔·罗杰斯（1961）问道："我怎样对待、关心或者改变这个人呢?"后来，随着他有关实践的信念的逐渐成熟，他学着去问："我怎样才能提供一种关系，使这个人可以利用这种关系实现自身的个人成长。”同样地，入职指导所做的事情也并不是要固定学徒教师或者是使之适应某种特定的模型。相反，好的入职指导计划是发展性的，并以接受入职辅导教师的需求为指引。布罗克和格雷迪（1997）将发展性入职指导界定为“依据接受辅导教师的需求而提供的一套序列化专业成长机会”。好的入职指导计划也是支持性的，而非评价性的。当学徒教师从管理者、同事、辅导教师那里获得支持的时候，他们就更有可能追求有效的、创造性的教学（Checkly & Kelly，1999）。

综合性的。汤姆所在的地区专门依靠辅导教师来提供支持。但是，这种实践会产生问题。当汤姆的辅导教师承担了过多义务的时候，她就不可能为汤姆提供所需要的帮助。而且，他所在的学区也没有提供任何其他类型的支持。有效的入职指导计划是全系统的（systemwide）、多层面的；因此，它们能够为从教第一年的教师提供一种强大的基础（Wasley，1999）。道恩很幸运，她加入了一个具有综合性入职指导计划的地区。而且，她还被鼓励去注册了专为学徒教师提供支持的研究生水平的大学课程。

有效入职指导计划的构成

综合性入职指导计划采用了各种教育服务体系，并且为学徒教师接受支持提供了大量的机会。为了提供更多的支持服务，道恩所在的学区与当地的大学结成伙伴关系。她所在学区的入职指导计划还包括在学年开始之前开展的内容广泛的定向指导，预先设定好的每月一次的教学内容研讨会，以及一位已分配好的提供日常支持的同年级辅导教师。大学课程包括选择专为学徒教师设计的选修活动，例如，指导下的反思、支持小组研讨会以及为辅导教师提供的自愿培训。

有效的定向指导。很显然，学徒教师理解学区政策和学校程序是非常有必要的。然而，以过快的速度来传达大量的信息，是令人吃不消的（overwhelming），最终也是在浪费每个人的时间。随着学年第一天的临近，学徒教师的注意力主要集中于迎接学生、成功地开始这一学年上。新教师的定向指导应该关注学徒教师的直接需求和实践关切，例如，学习如何获取资料和切入课程。除此之外，学徒教师还需要有足够时间留在其教室中。“嵌套”（nesting）过程为学徒教师提供了计划与演习第一天活动的时间（Ahr，1998）。最后，有效的定向指导还包括学徒与其辅导教师一起工作的时间。一对一的时间使得新教师有机会向辅导教师请教一些个人问题。

有效的内容研习会与支持性研讨班。有效的内容研习会与支持性研讨班是受学徒教师的需求所驱动的。应该经常召开这些会议，从而使新教师能够及时地获得信息与指导。但是，如果这些会议过于频繁（如每周一次），那么就会令人疲乏不堪，因而也就不会对新教师有所帮助。

适时的。内容研习会与支持性研讨班的内容还必须包括应对特殊情况发生所需要的时间，例如，要使小学教师准备好如何处理万圣节，高中教师准备好如何应对家访返校节活动。我们需要再一次强调，时机选择是最根本的问题。如果信息提供的时间过早于事件的发生，则不可能有意义；如果信息提供的时间太靠近事件的发生时间，则学徒教师又没有足够的时间来执行建议。例如，有关评分和分发成绩报告卡的研讨班应该被安排在第一次评分时期结束之前的几个星期来进行讨论。总之，研讨会的组织者（facilitators）应该将具体细节提供给新教师，因为新教师不仅需要了解“为什么”，还需要了解“怎样做”（Delgado，1999；Scherer，1999）。

个别化的。内容研习会与支持性研讨班的课程应该集中于学徒教师所遇到的困难，同时帮助他们学习反思性教学与专业主义的技能（Rogers & Babinski，1999；Veenman，1984）。图3.1提供了这些共同关切的清单。正如成功教师以个性化的教学来迎合学生的个体需求一样，入职指导计划也应该将学徒教师的发展个性化。正如马克泽利（1996，p.8）所指出的那样，“教师不仅仅在其自身设定的专业目标方面不同，而且在学习模式、发展阶段、理念和能力方面也各不相同。”因此，也应在研习会与研讨班中体现支持的个别化，特别是当组织者运用小型的主题小组讨论的时候，更应如此。

互动。对于学徒教师来说，会议应该呈现出支持小组的基调，参与者在其中分享他们的欢乐与忧虑，从而在他人那里获得确认与支持。当组织者（facilitators）将激励讨论纳入到这些研讨班内容之中，引导参与者反思自身教学，因此鼓励学徒成长的时候，他们就获得了最大的成功。除了给予足够反思的时间，组织者还应该向新教师提供建议和进一步的读物。

- 组织课堂，建立规章
- 课程开发与备课
- 确定并选择资料和备品
- 课堂管理与纪律
- 与家长交流，召开家长会
- 为行政评估作准备
- 处理学生的社会和情感问题
- 与具有天赋及特殊需要的学生打交道
- 不同年级和学科领域的教学策略
- 记录学生的进步情况
- 压力管理
- 个人生活与专业生活的平衡
- 成功地完成这个学年

图 3.1 学徒教师研讨班/研习会的主题

导师辅导（mentoring）

导师辅导在其他专业性职业中已经有很悠久的历史了，现在在教学专业中也流行起来。多数计划都具有帮助新教师取得成功的共同目标，但是在范围、理念、领导、管理以及由谁来担任辅导者这些方面却存在着很大的不同。

一些辅导教师是学校范围内的教学志愿者，他们认为自己的作用仅仅就是回答新教师提出的问题。另一些辅导教师则是一种更正式的角色，他们全年与新教师一起亲密地工作，与新教师一同参加研讨班与研习会。一些辅导教师将辅导新教师的工作视为一种有报酬的“额外的职务”，可以代替担任运动教练或主持学校相关活动。另一些辅导教师也许被免除了课堂教学的任务而作为许多新教师的全职辅导者。许多课程主任都通过有计划的观察和同伴指导（peer-coaching）活动来辅导新教师。一些学区还返聘一些最近刚退休的教师作为辅导教师。

作为新教师的引导者、行为榜样以及（或者）朋友，辅导教师提供了最具个性化的入职指导。他们帮助新教师寻找所需要的书籍和资料，分享课堂组织和管理方面的可行观念，并协助新教师发展新的教学策略（Clement，1995）。当学徒教师解释教学计划或者讨论学生行为的时候，许多辅导教师仅仅通过倾听，其实就已经对学徒教师帮助很大了。正如达根耐斯（1996）所述："希望辅导教师所做的是，将教育文化中那些未成文的原则与实用的东西传授给那些已经接受了帮助儿童学习这一挑战的新教师们。"

成功的辅导计划的标准

辅导教师是学徒教师的行为榜样，因此他们必须是熟练而且有效的教师。他们必须能够促进并指导学徒教师开展有效教学。例如，组织一个二年级的课堂和教那些年幼儿童所需的技能，与教承担这个班级教学任务的人所需的技能大相径庭。正如一位小学教师必须了解年幼儿童的发展需求一样，辅导教师也必须关注新任教师的发展阶段与需求。

辅导教师要关注学徒教师的问题，熟悉用于提供支持与帮助的资源。伴随辅导教师学会在课堂管理、教学策略、与家长交流、压力控制这些方面如何帮助学徒教师的时候，他们自身也将学到一些新的技巧。实际上，一些经验丰富的教师认为辅导教师培训是现有的最佳教师更新课程。

年级水平和学科内容方面的匹配。与教授同一学科或者同一年级的辅导教师结成对子，对于新教师来说可能很有帮助（Heller & Sindelar, 1991），因为他（她）能够提供具体的榜样与资源。与一位有共鸣的其他年级或者学科的教师结成对子也是很有帮助的，特别是如果辅导教师是一位很好的倾听者，而且能够帮助学徒教师反思其课堂实践的话，更是如此。

时间与接近性。因为辅导教师需要时间来支持新教师，因此，接近学徒教师就是非常重要的。在同一个走廊并有共同备课时间的，如辅导教师与学徒教师结对，理所当然会更有效——他们会有更多的交谈机会（Enz, 1992）。

人际关系方面的技能。对于辅导教师来说，沟通交往技能是非常重要的。他（她）需要一种感觉——知道什么时候要直截了当，什么时候要间接委婉，什么时候要作为一位善于倾听的同事。当然，由于辅导教师一般要帮助学徒教师与其他教职工协调配合，因此，成为一个团队成员也是辅导教师的另一个非常重要的品质。新教师会因在教师休息室里听到的消极评价感到很受挫；新教师需要辅导教师鼓励他们认识并以专业的方式与同事们共事。

第一年的教学是很有压力的，新教师必须学会在这个职业中生存下去的应对机制。因此，辅导教师示范的就不应仅仅是好的教学，而且还应包括出色的压力管理技能。此外，他们还必须认识到，学徒教师需要有一定的犯错误和自我学习的空间。有时候，辅导教师还必须有意不介入，让新教师在策略方面进行不成功的尝试，并等待学徒教师带着问题或者关切来询问。耐心和常识是良好辅导的特征。

观察与训练（coaching）。由于辅导教师的角色也许还要包括将观察学徒教师作为一种提高有效教学的方法，因此辅导教师还应该学习同僚督导（collegial supervision）和临床督导（clinical supervision）模式（Glickman，1985）。学会做一个好的观察者也并不是一件很容易的事；如果观察是辅导过程的一部分，那么在这一方面对辅导教师进行训练是非常有必要的。课堂实录的教学录像和出版物呈现课堂实践中优劣两个方面，有助于辅导教师了解如何观察新教师。角色扮演的场景同样也会帮助辅导教师学习如何与学徒教师开展会前和会后的讨论。

对辅导教师的持续支持。辅导教师培训不应该在一两次初步的演习会或研讨班后就结束。与所有的教育者一样，辅导教师也同样需要持续的支持。整整一个学年，他们都能够从后续的培训中获益，可以了解到诸如同僚督导、同伴指导或者成人学习之类新的培训主题。他们需要机会与其他辅导教师、小组、计划的协调者讨论观念和解决办法。当有关辅导结对出现挑战性问题的时候——诸如新教师没有被续聘时的责任之类问题——辅导教师必须知道答案。

计划的弹性。一些辅导结对仅仅由于个性或者教学理念方面的冲突而不能获得成功。那么计划的协调者就必须扮演一种“逃生阀”（escape valve）的角色，重新为学徒教师分配另外一位辅导教师。在多数情况下，当一组对子不能成功的时候，也没有人受到责难。通常，最好的办法就是往前走，而不是以大规模的重新评估来伤害学徒教师或辅导教师。

对研究与实践的建议

为了改进入职指导计划，教育学院、学区、州一级的机构必须通力合作。通过建立诸如专业发展学校这样的伙伴关系，教育学院和学区已经使实习教师在沟通理论与实践方面取得了巨大的进步。这些场所能够成为研究影响学徒教师入职指导的背景因素的中心。是否存在一种更有可能促成学徒教师成功或者失败的关于变量（variable）的可预测模式呢？的确存在有效入职指导计划的杰出模式，但是研究者还没有对这些计划进行深度的考察，以确定为什么这些计划奏效，或者在什么情况下才奏效。为什么一些计划没有其他的计划那么有效？

研究者还可以将注意力集中于学会教学的生物学方面因素。学徒教师经历了大量的生理和心理症状。除了将这些问题归结为压力以外，很少有研究来检视这种现象。研究者也可以检验神经反应，以确定学徒教师如何感知、整合以及储存有关教学的信息。学徒教师与专家型教师是在心智运作上不同，还是仅仅因为学徒教师的心智尚未达到专家型教师的运转速度？

学徒教师是非常有价值的资源。我们必须培养他们，使之致力于成为专业人员，并有望成为专家。学徒教师这个时期将持续多长时间以及他们到底能够发展到什么程度，在很大程度上取决于他们在其入职指导岁月里所得到的支持的水平。入职指导的理念已经远远超越了仅仅为学徒教师生存提供援助。综合性的入职指导计划通过促进自我反思、更新，进而防止连续性的退缩因而具有一种帮助学徒教师获得专业成长的潜力。

很显然，在汤姆与道恩的第一年教学经历中存在着质的差别。汤姆在学徒教师期的几乎每一步都是任由自己开辟发展方向的。而道恩则拥有很多支持她的因素，包括了解学区及其年级课程。除此之外，她还有机会认识她的同事，而且在学校“安顿”下来之前，她有充足的时间。更重要的是，道恩拥有一个正规的、多方面的入职指导计划，这从多个途径为她提供了帮助与支持。她参加了一个适时的研习会，这个研习会的特色是集体分享和解决问题的练习。在学区支持之上，她还抓紧时间攻读了专为帮助学徒教师向“现实世界”过渡而设计的硕士课程。道恩还被鼓励通过个人精选的选择性活动来拓展和反思她的实践。

教育者经常谈起“双赢的情境”（win-win scenarios），入职指导计划就能够提供最好的机会。当学徒教师感到被支持的时候，那么他们是赢家；当新教师在教室中有效且高效地工作的时候，那么管理者也是赢家。当教师生机勃勃而不是苟延残喘的时候，那么学生也将学到更多知识。当经验丰富的教师作为辅导教师或者入职指导计划推动者而工作的时候，额外的奖励就是他们感到自己赢得了恢复活力的机会。

参考文献

Ahr, T. (1998). Your classroom, your nest. New Teacher Advocate, 6(1), 1.

Brock, B. L., & Grady, M. L. (1997). *From first-year to first-rate: Principals guiding beginning teachers*. Thousand Oaks, CA: Corwin.

Checkley, k., & Kelly, L. (1999). Toward better teacher education: A conversation with Asa Hilliard. *Educational Leadership*, 56(8), 58 - 62.

Clement, M. C. (1995). Getting the most form a mentor: Message to teachers of the '90s. *New Teacher Advocate*, 3(2), 7.

Clement, M. C. (1999). *Strategies for hiring and supporting new teachers: Building the best faculty*. Lancaster, PA: Technomic.

Dagenais, R. J. (1996). Mentoring program standards. *Mentoring*. Lincolnshire, IL: Mentoring and leadership Resource Network, Association for Supervision, and Curriculum Development. ERIC ED 419 776.

Delgado, M. (1999). Lifesaving 101: How a veteran teacher can help a beginner. *Educational Leadership*, 56(8), 27 - 29.

Enz, B. J. (1992). Guidelines for selecting mentors and creating an environment for mentoring. In T. Bey(Ed.), *Issues and aspects of mentoring*(65 - 78). Reston, VA: Association of Teacher Educators.

Enz, B. J., & Carlile, B. J. (1998). *Coaching the student teacher: A developmental approach*. Dubuque, IA: Kendall-Hunt.

Glickman, C. D. (1985). *Supervision of instruction: A developmental approach*. Boston: Allyn & Bacon.

Gold, Y. (1992). Burnout: A major problem for the teaching profession. *Education*, 104(3), 271 - 274.

Heller, M. P., & Sindelar, N. W. (1991). *Developing an effective teacher mentor program.* Bloomington, IN: Phi Delta Kappa Educational Foundation.

Huberman, M. (1989). The professional life cycle of teachers. *Teachers College Record*, 91(1), 31 - 57.

Huling-Austin, L. (1989). A synthesis of research on teacher induction programs and practices. In J. Reinhartz(Ed.), *Teacher induction*(13 – 33) . Washington, DC: National Education Association.

Huling-Austin, L. (1989, April) . *What induction can and cannot do*. Paper presented for a teacher induction conference, Arizona State University, Phoenix, AZ.

Lortie, D. C. (1975) . *Schoolteacher: A sociological study*. Chicago: University of Chicago: University of Chicago press.

Marczely, B. (1996) . *Personalizing professional growth: Staff development that works.* Thousand Oaks, CA: Corwin.

Murphy, d. s. , & Moir, E. (1994) . *Partnerships in education: Helping new teachers succeed.* West Lafayette, IN: Kappa Delta Pi, an International Honor Society in Education.

National Commission on teaching and America' s Future. (1996) . *What matters most: Teaching for America' s future*. New York: Author. ERIC ED 395 931.

Rogers, C. R. (1961) . *On becoming a person: A therapist' s view of psychotherapy*. Boston: Houghton Mifflin.

Rogers, S. L. , & Babinski, L (1999) . Breaking through isolation with new teacher groups. *Educational Leadership*, 56(8) , 38 – 40.

Scherer, M. (1999) . Knowing how and knowing why. *Review of educational research*, 54 (2) , 143 – 175.

Veenman, S. (1984) . Perceived problems of beginning teachers. *Review of Educational Research*, 54(2) , 143 – 178.

Wasley, P. (1999) . Teaching worth celebrating. *Educational Leadership*, 56(8) , 8 – 13.

第四章 专业型教师

（波利·沃尔夫、黛安·S. 墨菲、帕特里夏·H. 费尔普斯、文森特·R. 麦格拉思）

通过案例研究考察专业期

自从莎拉能够记事开始，她就一直希望成为一名教师。她的父母看着她从一个小孩子到长大成人，能够看出她在领导和帮助他人学习方面所拥有的意愿和能力。作为一个天生的组织者，当莎拉读五年级的时候，她的老师因她值得信赖且又有礼貌而选她做正式的班级问候者（official class greeter），那个时候她就直觉到她将会从事教学工作。作为一个十几岁的小女孩，她已经能够策划游戏，并能够展示给邻居的小孩子看。到了莎拉该上大学的时候，她进了一个非常著名的教师教育课程，毕业时，获得了学位以及小学和特殊教育两个领域的教师资格证书。在一所新成立的，且被公认为有效实施全纳政策的小学，她申请并得到了一个教授无学习能力的学生的教学岗位。学校的管理部门为她提供了每周一个下午的备课时间，她认为这种做法对于成功的全纳计划是非常有必要的。

这位新教师将她的个人物品和一些资料装满她的小汽车，驱车八百英里驶向她的新工作和新文化环境，并准备去交新朋友。她很快就安顿下来，度过了其教学生涯的实习期，接受了现实，因为现实调和了她的理想主义。作为一名全纳教育教师，莎拉很快发现，一些同事将她作为一个平等的个体和一种资源而予以重视，但是另一些教师则把她看做只不过是个美其名曰的“班级助手”。一些教师安排周四下午与莎拉一起做准备，而另一些教师却以“太忙”为理由不愿帮助莎拉和她的学生。她的气愤主要是由于她的学生所遭受的“不公平待遇”。但是，她仍然非常希望能够在课程方面与其他教师合作，她仍然特别乐于准备“家长—教师”主题晚会，乐于花费时间编写脚本，与学生一起排演并制作道具。

莎拉喜欢孩子们，这些孩子也明显地报之以热情。她的谈话不时地会被一些有趣的故事打断，她的眼泪会因他们的困难而不由自主地流出来。由于他们是典型的具有特殊需要的学生，因此，他们的进步有时候是很慢、很艰难的。每一个孩子的点滴进步都会成为她的一种个人胜利。她说：“每当我的学生成长时我也在进步。”莎拉看着学生将她所教授的知识与他们的生活相互整合。她与她的学生以及许多学生的家长建立起了一种特别亲密的联系，她经常不怕麻烦去解决很多事情。例如，她曾经利用业余时间参观了几家设备齐全的特殊教育之家（special education rooms），从而决定将其作为她的一名有沟通困难且很脆弱的学生的最佳安置之所，使这个孩子能够轻松地过渡到初中。

莎拉有意识地谋求自我更新，为了帮助她的学生，她选修了特殊阅读方法论这门课程。随着莎拉度过了学徒时期，她参加了专业研讨会，以拓宽她的视野。有时候她自己，有时候与其他同事一道，与教科书出版公司合作开展试点工作。尽管采取了这些措施，但是由于同事关系方面的困难，再加上参加各种委员会会议和与提交特殊教育有关的书面报告所带来的沉重负担，她仍然感到退缩的危险。此外，莎拉还觉得，她所接受的教师培训以及她认真发展的教学技能都没有被充分利用，而且也未能充分继续追求她对课程开发的热爱。因此，在她工作的第三年年末，她请求学校安排她去教二年级。校长将莎拉的请求考虑了大约一个夏天。最终，在临近开学的几个星期前，莎拉得到答复说，她的请求被接受了。

在莎拉教学的第四年，她示范了教师职业生涯周期模型所固有的流动性。因为她开始在正常的班级中教学，她再次全身心投入，为了收集学习资料，许多夜晚都工作到很晚。尽管她经常是更加劳累，但是她依然保持着她的热情。她将自己的大部分成功归结为她所受到的来自新同事的支持。“我的团队使得我的工作一切顺利”，她说道，“他们经验丰富，新潮（with-it），总是不断地更新自己的课程。他们结成一个统一战线，最重要的是，他们很风趣”。

莎拉的团队分享资料与观念，致力于在伟大的古代文明的基础上开发跨学科课程。那一年，聚集在莎拉的班级里的是许多特殊教育的儿童。她的班级被指定为全纳教育教室。现在，轮到莎拉与其他全纳教育教师合作，成功地为特殊需要学生设计课程。新的全纳教育教师被作为受重视的同事而非一位助手来对待。

现在，在莎拉工作的第五年，她感到工作是快乐的，她的新班级是令人兴奋的。正如大多数专业型教师一样，她说，“当我的学生给我一个小纸条，上面写着‘你是我遇到的最好的老师’，或者当家长对我说，我真的对他们的孩子产生了很重要的影响。当我去参加 PTA 会议的时候，五年前我曾经教过的孩子跑过来拥抱我。他们仍然记得我们曾经一起做过的趣味学习活动”。她从中感受到由衷的满足。

莎拉也在专业发展活动中谋求更新。参加讨论会的时候，她会抓住每一个机会在同事面前表达自己的想法。就在刚刚过去的这个夏天，她与她的一位同事一起去了中国，她在一个国际教育会议上发表了自己对特殊教育的见解。她们带去了他们的课程中所采用的许多有关中国的录像、幻灯片以及图片。

由于认识到献身投入的重要性，莎拉除了加入学校的数学、理科、多元文化和阅读委员会之外，还参加了学区教职员发展委员会。正如她从她的团队中获得支持一样，莎拉也同样将这种支持提供给他人。

当被问到究竟是什么使莎拉坚持从事教学工作的时候，她回答说：“哦，并不是金钱的因素！”她发挥自己的才能与对教学的热爱以满足孩子们的需求，并从中得到回报。她将计划（planning）作为一种有机的发展实体，它反映着不断变化的学生需求。每一年都是不同的。她比以往更加注意其学生来到课堂时的不同学习、理解和社会性训练的状态。她很惊奇地发现，每一年她的学生都与之前一年的班级不同。伴随着课堂文化的变化，学生总是带来新奇的问题与需求，这使得预期并为每一群新学生做好准备成为对莎拉的一种挑战。莎拉知道，她是一位好老师——这反映在学生们神采奕奕的脸上，反映在家长的态度中，以及反映在星期五下午学生提出的问题中，“明天我还可以来吗？”

专业期的界定

问题：教学中的什么能够使你微笑？

中学教师的回答："当你曾经教过的学生回来的时候，他们能够记得你或者感激你曾经为他们做过的某件事。"

中间学校教师的回答："当你与一个学生建立联系的时候，这种联系是存在的，并且学生也感知到这种联系的存在。"

小学教师的回答："当我的学生在考试中表现出色的时候，当他们'领会了'的时候，都会使我感觉很好。"

进入了职业生涯专业期的教师关注学生以及与他们之间建立的关系。因此，专业型教师的基准点从个人的需求转向了学生的需求。学生取向（student orientation）是专业期的核心。

为了实践研究，专业期教师的主要特征可以归纳为几种不同的范畴。专业型教师与学徒教师最显著的区别就是逐渐增强的自信，它会带来教师对这个职业的奉献投入。效能或者相信自己正在发挥重要作用的信念，不仅有助于对教学法的更牢固掌握，也有助于增强信心。学徒教师主要是致力于发展关于教学方式的更广泛知识；专业型教师则主要关注于这些策略对于他们自己的学生是否能够起作用（Germinario & Cram，1998）。专业型教师投入了大量时间与精力来修正这些方式以适应其学生的个体学习需求。因此，这个时期相当于休伯曼（1992）所说的"稳定化时期"，在这个时期，教师巩固他们的教学知识。

持续追求成长是专业期教师的独有特征。当一位教师自信水平提高的时候，他（她）就会具有更多的情感与智力的能量，这相应地就意味着教师能够更好地倾听学生的心声。教师通过耐心地倾听学生心声可以获得有关教学与学习方面更多的反馈。以一种成熟的、富有洞察力的方式来回应学生的反馈，会激励专业型教师改善他（她）与学生之间的关系并尝试各种教学方式。在专业期，教师与学生就学习什么以及如何学习的问题互动合作。在这一时期，督导者将不再作为教师获取信息的主要来源。

同事之间的联系

专业型教师不仅与他们的学生相处得更好，而且与同事的关系也更加和谐。伴随着信心的增强，这些教师既从同事那里寻求帮助，同时他们也成为他人的资源。伴随着教师的成熟，他们会与其他教师建立关系网络，既包括校内的也包括校外的。这些网络通常都超越于他们所在的学区。专业型教师可能会与其他学校同一年级或者教授相似科目的教师建立起亲密的关系。这种关系经常是在研讨会中促成的。建立支持性的网络对于教师的持续成长是至关重要的；如果没有这种网络，教师或许会停滞不前或者从教师职业中退缩。

在专业期，同伴互动能够为教师提供支持。走廊之中、午饭时候以及课间休息时候的非正式交谈都是教师信息和灵感的有益来源。这一时期的教师开始分享观念并寻求真诚的反馈。同伴互导和观摩其他教师教学涉及的技能对于教师是特别有效的。这样的策略会消除行政评价所带来的焦虑。随着教师间信赖关系的逐渐建立，同伴互导成为一种改善教师课堂教学的理想工具（Germinario & Cram，1998）。

专业性问题

问题：是什么原因促使你在教学中进行改变的？

罗恩（一位九年级教师）的回答：“我感到我的教学尝试很失败，或者我所运用的方法不奏效。当我的观点不能被人理解的时候，我会进行改变。”

马克（一位七年级教师）的回答：“学生的表现比其他什么都重要。当我看到每个学生都很迷惑的时候，那么我就会返回去，再试一次。”

尽管这两个轶事般的回答之间区别并不十分明显，但是罗恩的关切点与马克形成了对照。罗恩以其个人感觉为中心，还没有向专业型教师层次过渡。马克则相反，他已经转向关注学生如何接受教学以及通过教学获得了什么。拉斯利（1998）将这种转变描述为“范式转换”，这是一个从库恩（1970）对物理科学中的转换分析中借用的术语。从教学范式向学习范式的转换，是一位成熟、关爱而且称职的教师的独特标志。在两位教师的回答中，前者的取向强调的是方法与教师行为；后者则是强调学习者的行为与学生成长。在决定教师态度方面，关键性问题是，“你最关注谁的表现?”

弗里德（1995）提出，教师的激情在学生的学习中起到最重要的作用:“充满激情的教师通过充当学习中的伙伴而非专家，能够将他们的激情传递给学习新手，即他们的学生。”因此，课堂中的互动协作（collegiality）贯穿（played out）在教师接近学生的方式中——这是他们的一种心理姿态。根据弗里德（1995）的观点，教师的心理姿态包括教师的信念以及他或她对待学生和学科内容的方式。以尊重和真诚为特征的师生关系会成为教师获得巨大满足与愉悦的源泉。

知识与专业期

在课堂之中，教师所掌握的知识十分重要。随着教师进入专业期并越来越感到自信的时候，他们就会掌握一定的教学策略，并表现出对学科内容和教学更好的支配。由于他们将自己视为持续的学习者，所以无论他们教一门课或者教许多门课，他们都会寻求有关他们学科内容方面的新知识。随着他们掌握的学科理论与内容不断增加，他们就会知道教什么知识是最重要的。一旦教师建立了一种有效的课堂管理体系，那么他们也就有更多的自由去关注知识内容和学生的需求，而只需花费更少的时间去管理学生的不当行为。专业型教师可以集中精力于更具强度的社会化过程，可以将宝贵的时间用在发展学生阅读与学习的智力习惯方面。此外，专业型教师关于教学方面的知识也变得更加全面。经过广泛的阅读、全神贯注的教学以及模式化的重复，青年教师慢慢地精通了他或她的教材内容。他们的教学也变得更加有意义且有效果。总之，教师感到自信，他或她的教学变成了一种生动的过程。

专业型教师的意识超越了课堂。他们知道事情在他们特殊的学校背景下——影响教学实践和行为的规范、期望、历史、传统、社会信念以及态度——是如何运作的。由于这些教师已经“领会”了这一体系，因此，他们的期望也变得越来越清晰。他们是对各种教育人员所承担角色的敏锐观察者，包括权力何在，谁拥有大部分权力，如何在做事情的过程中去共享权力。因此，专业型教师有更多的精神能量（mental energy）去理解自身的教学，而并非对学校管理任务或者管理者权威的断言作出盲目的反应。由于已经了解了课堂中的情况，这些教师开始在更大的社会结构中有效地工作。相应地，他们也非常渴望与实习教师、学徒教师分享这种背景知识。

连续性的线索

尽管从事这个职业已经多年，绝大多数学校教师仍然处于专业期——继续掌握学科内容与管理策略，并与校内外的同伴建立联系。尽管很多教师将继续拓展、反思、更新，但是其他教师却将停滞、退缩。因为更新对于沿着发展期的连续体继续前进而言是必需的，因此，有必要去了解激励和阻碍专业教师成长的因素。

案例研究中的专业型教师莎拉探寻自己的更新途径，她依赖于她的同事，变换工作岗位，并积极参加校外专业活动。当她发现没有行政上支持的时候，她就另外去寻求支持。然而，许多其他的教师却在身体上与情感上都保持一种孤立状态。由于一些教师孤立地将自己局限于教室之中，他们对于交流或寻找更新与支持的资源显得犹豫不决。相反，他们关注的是他们专业生活中的消极方面。教育共同体必须寻找办法去帮助上述这两种类型的教师——谋求成长的教师和饱受挫折的教师。虽然有许多参与（engagement）和再参与（reengagement）的途径，但是教师必须占据主动。最重要的是，管理者必须要为教师提供持续的，甚至是有组织的支持。

反思

大部分学校给教师提供的反思与合作工作的时间是极其有限的。专业型教师会认识到反思性实践的重要性，并能够去寻找方法将反思性实践融入他们的日常工作之中。一些教师利用自己的日志（script）分析教学情境，也就是阿什（1993）通过如下问题所阐述的：我怎样才能使我的班级更具魅力呢？为什么我要以这种方式来教授这节课呢？

当教师进入到专业期后，他们在写日志（script）方面变得更加自觉了。他们的观察习惯以及社会环境意识都得到了发展（Colton & Sparks-Langer，1993）事实上，进行反思因为其自身的内在收益而受到重视。正如奥斯特曼和考特凯姆（1993）所指出的那样，当教师认识到在自身实践中某件事情“不那么对头”的时候，他们就会开始谋求成长。为了使教师扩展他们的自我发展目标，必须允许并鼓励他们在反思活动上面花费一些时间。

专业型教师可以依靠多种更新的资源，包括其他教师、教职员发展研习会、教育研讨会、日志及其他书面资料、录像带和大学课程。教师需要获得这些资源和其他资源，学校应该为这种支出拨出专门资金。赋予教师选择权，这能为保持稳定的教师队伍和激励教师成长创设一种积极的氛围。

专业期的教师应该自己确定自身的需求并创建个体成长计划。专业型教师追求发展活动的动机可以被资深教师、管理者、督导者以及专家型教师所效仿（Gordy & Phelps，1996）。

专业期的退缩

处于专业期的教师无论是通过其教学实践进行改变，还是通过大学课程、旅行、写作及其他方式来进行自我更新，如果很少或根本得不到管理者的支持，那么他们就将进入退缩状态。例如，一位教师也许希望与其他教师一道创建一个跨学科学习单元，但是他（她）却在获取资料或用以计划的时间方面得不到支持。这种支持的缺乏也许会降低教师实施一个令人兴奋的项目的热情。此外，有限度的支持所导致的教师专业发展活动也许并不能满足教师的个体需求。这样的活动也许在性质上体现的是通用性或者与教师的兴趣毫不相干。当教师的成长进取心受到扼制，教师的退缩也就不足为奇了。

在一个教学团体中如果缺乏同事间的互动协作也会导致教师的退缩。如果一位教师的人际关系以专业方面的嫉妒为特征，那么他（她）不可能去寻求同伴间的互动。同时，如果教师都特别努力，例如，组织一次学校表演、担任课程再设计委员会委员，几乎没有得到或者根本没有得到认可的话，也许他们就不再积极参加学校以后主办的活动。学校支持系统必须包括防止退缩的机制。

专业型教师在其课堂实践中也可能会变得厌烦、疲倦。呆板的机构规章和未经深虑的习惯会给教师的教育表现带来损失。他们很容易在学习理论或者教育实践变革中落伍。然而，不断提高的先进技术又要求教师寻找时间去阅读、研究，并与同事一道讨论问题和观念。寻找办法防止或者减轻教师的厌倦是非常重要的。而战胜厌倦的方法往往在教师寻求更新经验时处于教师的掌控之中。正如休伯曼（1992）所说：“职业满足的最强大资源也许就潜存于我们的鼻子底下——课堂中。”

最后，教师的理念与学校的目标不相符，也会刺激教师退缩的态度，这相应地也会导致影响教师表现的内部冲突。另一方面，鼓励冒险、革新和对话的学校氛围，会阻止退缩取向，并增强教师之间对丰富的背景差异的宽容度。积极的环境将以教师的弹性来证明其价值。

专业发展的策略

在过去的十年中，许多州都已经发起了支持新教师由大学的职前培养向专业教学岗位过渡的计划。通过这些入职指导计划学到的东西，加上已经获得的关于教学方面的知识，构成了教师和计划开发者双方的知识基础。因此，在扩展教师持续成长机会的时候，非常有必要就专业期与职前培养期和入职指导期之间的衔接有关的问题、资源和结构进行讨论。

当今，多数现有的教育文献都强调以建构主义的方式对待教师和学生的学习。以认知研究为基础，建构主义者支持这样的观念，即学习使变革成为必需，因为新观念会挑战旧的假定。对于教育者来说，这一过程常常意味着在重构或者重新发现新的教学方法以前，他们必须修正一下有关教学和学习的某些观点。这一学习过程是持续的，但是尤其在最初的五年中强度将会很大，因为学徒教师正在努力奋斗以领会多维视野。与高级资格证书的要求配套进行的州和联邦的学校改革，使新教师的生活变得更加复杂起来。

这一时期的教师奋斗，可以用积极的眼光或者消极的眼光来加以理解。如皮亚杰（1954）所指出的那样，不均衡是成长的先兆，它为变革制造了必要的动机。然而，能够导致更新而不是退缩的变革，取决于教师在适应其专业角色的时候所获得的学习支持的质量。这种支持应该被恰当地称为“专业平台”（professional scaffolding）。

维果茨基（1962）将平台界定为学习者缺此不能完成任务的一种支持。在这个学校改革和公众审查的时代，那些希望通过彻底改造或者修正全国学校来建立一种职业的教育者和决策者，必须谨慎地计划、设计出稳固的结构来支持专业期的教师。为了激发教师去从事有价值但却常常具有冒险性的学校改革活动，专业发展计划必须将教育目标与教师的成长需求综合起来。这些计划中的支持与评价的结构必须具有研究基础，以教学工作的使命为根本，并与教学与学习的标准紧密相连。由于教学与教师发展的复杂性，专业发展计划就必须通过确认教师作为反思—更新过程的一部分所提出的内部问题，来超越只是强调教什么和怎样教这样的问题。这些计划必须鼓励那种可以加强称职、关爱、合格的专业教育者之培养的内部分析与对话（Palmer，1998）。

学生学习与领导

设计支持实习教师和学徒教师成长的计划必须包括教师工作所处的复杂教育环境。管理班级、与家长商讨、成为社区的领导、管理日程、处理纪律、备课以及授课，这些都是实习教师最为关切的。在新教师的大脑中，肯定会不断地提出一些发展问题。但是到了第三年的时候，许多教师开始更多地关注学生的学习而不是自己的生存需要。他们的问题越来越强调学生的需求。随着时间的流逝，实习教师在职前培养阶段和学徒教师在学徒发展期间学到的知识，也开始与学生的学习状态建立起了更加有意义的联系。因此，用来发展专业人员的这些计划应该促成对整合课程、教学与学生学习评价的理解。

与实习时期、学徒时期相关的计划应该支持教师扮演领导角色并承担责任。领导角色不应只是少数人的领地，教师也应该进入这些角色从而减少孤立，使得知识和洞察可以与许多不同的群体（client）来分享。如格尔克、罗默达尔（1997）所主张的那样：“领导是每一位教师的责任，但是并不是每时每刻的。”尽管强调领导角色，但他们也可以在教师的日常生活中将个人的资质与领导品质相互整合。两位作者将领导宽泛地界定为帮助角色（辅导教师、同伴互导）、联络角色（将学校与社区联系起来的教师），以及作为决策领导者的教师（部门主任、管理委员会成员、工会代表）。计划开发者将会发现格尔克、罗默达尔的《教师领导：在学校中产生影响》（*Teacher Leaders*：*Make a Difference in Schools*，1997）一书是一个非常有帮助的资源。

专业能力：将教师的表现与学生学习联系起来

为专业型教师搭建平台的计划具有一个共同的目标，即帮助教师自我提升，使其在课堂上对学生的学习产生积极影响。尽管教育的使命一直都是帮助学生学习，但是将评价教师的表现与学生的表现相互联系的观念则反映出了该职业中的一种范式转换（Kuhn，1970）。传统上来看，专业能力一直是依据一种规定教学行为的核对簿来进行评价的（Doyle，1978）；但是，教育者也越来越认同有效教学主要是由学生的有效学习而证明的（Stiggins，1997）。这种转换需要分层的组织回应，其中的教师专业发展计划应该根据其对课堂教师的影响来进行评价。然后，作为结果的课堂教师表现则部分地是根据学生成绩来衡量的。

这种对专业绩效责任的分层回应，假定的是教师的专业标准与对学生的基本学习要求具有趋同性。这就需要将有关教学的知识和有关学生学习的知识进行整合。

管理行为与专业型教师的成长

美国专业教学标准委员会（the National Board for Professional Teaching Standards）（1994）的资格证书改革，迫使教师发展计划的策划者帮助教师与管理者学会共同计划和致力于促进教师的成长。由于多数的专业期教师都缺乏行政方面的支持，因此，注意力应转向管理者的计划开发。管理者必须学会帮助专业型教师发展和执行专业成长计划；但是他们也必须为教师提供更多的时间（通过特准时间、聘用代课教师和提供备课时间）以达成他们的目标。管理者必须要考虑他们所做的事情在他们的学校、学区和学科领域内究竟是促进了还是削弱了同事间的互动合作。他们必须学会怎样为教师展现领导才能和行使所有权提供机会。他们必须了解退缩的症状，提供更新所必需的平台。如果计划的关注点不能指向管理者，那么专业型教师很有可能是继续孤军奋战。

对研究与实践的建议

专业型教师养成了一种向学习者传达其激情的姿态（stance）。这种姿态为成长提供了正规和非正规的途径，使得教师有时间进行同事间的互动合作和反思，认可对辅导教师培训的支持并消除了孤立的因素。所有这些要素都显示出管理者强有力的支持对于专业型教师的必要性。因此，管理者必须了解专业型教师的需求以及促进教师顺利成长的方法。

同伴互导和观察是促进教师发展同事互动合作和激情姿态的一种方式。学校和学区层面的计划时间有助于同事间的互动合作和内容知识方面的发展。专业组织应该与学校建立更紧密的联系，使之能够更容易被教师接近。辅导正在变得越来越普遍，这种辅导应该受到鼓励。行政方面的支持必须从对行政管理者的教育开始入手，并应该在从地方教育委员会直到校长的学校管理所有层面得到鼓励。所有利益相关者都必须认识到提供一个专业成长路径上的“自助餐厅”（cafeteria）的重要性。

研究者可能会问，在这一发展期里，是管理者的支持重要还是提供与这个职业的其他教师和成员建立联系的机会重要？另一个研究途径也许会指向使专业型教师孤立的因素或者是阻碍与同伴之间的伙伴关系的因素。另外，还有一个研究领域可能会关注专业型教师最有效平台的建立方法。可以针对专家型教师开展调查，以发现他们是如何找到超越专业期的成长方式的。对于那些感到退缩，然后又设法逃离的教师，也必须给予特别的关注。究竟大学毕业生工作（graduate work）中或者专业成员中的什么因素能够刺激专业人员再次进入反思—更新的过程呢？所有这些研究领域都将毫无疑问地产生一些与专业型教师越来越密切相关的问题与答案。

正如教学与美国未来全国委员会（NCTAF，1996）所强调的那样，“教师的所知、所为对儿童的学习会产生重要的影响”。教学与美国未来全国委员会还补充说：“学校系统的组织工作方式也会对教师可能取得的成就产生很大影响。新的课程、考试以及课程改革可以成为一个重要的起点，但是教师如果不能很好地加以运用的话，那么它们也就毫无意义。”教育者与决策者面临的一部分挑战就是明晰迎接21世纪的教育挑战所必需的知识与技能。他们还必须设计各种方式以支持专业型教师完成其作为更加称职、关爱、合格的教师的使命。

参考文献

Ash, T. (1993). Reflective teaching: *What am I doing? Why am I dong it this way?* Regina, Saskatchewan: University of Regina. ERIC ED 360 390.

Colton, A. B., & Sparks-Langer, G. M. (1993). A conceptual framework to guide the development of teacher reflection and decision making. *Journal of Teacher Education*, 44 (1), 45 - 54.

Doyle, W. (1978). Paradigms for research on teacher effectiveness. In L. S. Shulman (Ed.), *Review of research in education*, Vo1. 5(163 - 198). Itasca. IL: F. E. Peacock.

Fried, R. L. (1995). *The passionate teacher: A practical guide*. Boston: Beacon.

Gehrke, N. J., & Romerdahl, N. S. (1997). *Teacher leaders: Making a difference in schools*. West Lafayette, IN: Kappa Delta Pi, an International Honor Society in Education.

Germinario, V., & Cram, H. (1998). *Change for public education*. Lancaster, PA: Technomic.

Gordy, S. H, & Phelps, P. H. (1996). Teacher educator as Ariadne. In J. Bowman & D. Fleniken (Eds.), *Modeling professional development: An Arkansas perspective* (155 - 163). Conway: Arkansas Association of Colleges for Teacher Education.

Huberman, M. (1992). Teacher development and instructional mastery. In A. Hargreaves & M. G. Fullan (Eds.), *Understanding teacher development*(122 - 142). New York: Teachers College Press.

Kuhn, T. S. (1970). *The structure of scientific revolutions*. Chicago: University of Chicago Press.

Lasley, T. J. (1998). Paradigm shifts in the classroom. *Phi Delta Kappan*, 80(1), 84 - 86.

National Board for Professional Teaching Standards. (1994). *What teachers should know and be able to do*. Detroit, MI: Author.

National Commission on Teaching and America's Future. (1996). *What matters most: Teaching for America's Future*. New York: Author. ERIC ED 395 931.

Osterman, K. F., & Kottkamp, R. B. (1993). *Reflective practice for educators: Improving schooling through professional development*. Newbury Park, CA: Corwin.

Palmer, P. (1998). *The courage to teach*. San Francisco: Jossey-Bass. Piaget, J. (1954). *The construction of reality in the child*(M. Cook, Trans.). New York: Basic Books.

Stiggins, R. J. (1997). *Student-centered classroom assessment*(2nd ed.). Portland, OR: Assessment Training Institute.

Vygotsky, L. S. (1962). *Thought and language*(E. Haufmann & G. Vaker, Trans.). Cambridge: MIT Press.

第五章 专家型教师

（简·S. 布雷、帕梅拉·A. 克雷默、丹尼斯·莱佩奇）

通过案例研究考察专家期

早上，当埃米莉驱车驶入学校停车场的时候，至少有两三个学生总是在那里向她问好，并帮助她拿一些她随身带来的资料。上课前的喧闹声中，当她在准备一天的工作的时候，会有更多的学生围在她的讲桌旁边。放学的时候，埃米莉的学生们会护送她一直到停车场，然后向她道别。这种礼节在明天依然会被重复，然后是后天、大后天。在埃米莉教四年级这十八年的大部分时间里，这种礼节一直在延续。

埃米莉是直到返回大学攻读完学位以后才进入教师职业的。在结婚后并承担起为人妻、为人母的角色之前，她已经完成了两年的药学院学习。当埃米莉重返学校的时候，她正在养育她的四个孩子。那时，埃米莉比较深入地参与了当地小学中的志愿者工作。她所有的学生都有着不同的教育需求，她认为，当地的学校正在不同程度地成功满足着这些需求。她决定重返大学，完成她的本科学位，并通过就读硕士学位获得教师资格证书。从她作为一名教师进入教室的那一刻起，她就知道她已经找到了她的事业。

最初的几年是艰苦的，但是在埃米莉与学生之间建立起了亲密的关系。学生能够感觉到她真诚的尊重与对他们的爱，因此也给予她充分的回报。她最喜欢与那些“坏孩子们”打交道。她知道每一个好斗的孩子之所以有这样的表现是由于他们在学校的过去经历。那是一种范围机制，而且也很有效。埃米莉知道，如果这种模式没有得到纠正，那么就很容易导致更严重的厌学和潜在的辍学问题。埃米莉充满热情地相信，与这些学生重新建立起联系并帮助他们发挥所拥有的智力潜力，是她作为一名教师的道德责任。这种想法产生了效果。最初，她的同事都以一些取笑的态度看待她，把她看做那种比较理想主义的教师，并且认为她很快就会发现这些学生中的有些人根本就没有能力学习。但是，埃米莉从来没有得到这样的教训。

随着岁月的流逝，埃米莉已经作为一位真正的儿童权利倡导者(child advocate)小有名声了。在受到“所有孩子的学习都能达到高水平”的称赞以前，她就认为，应该让学生承受更高的期望。她经常变换教学策略，以延长学生掌握知识所需的教学时间。早在加德纳(1983)出版那本书之前，埃米莉就已经了解了加德纳多元智能理论的意义。学生知道他们可以信任她，知道她不会令他们感到难堪或者以敏感的方式批评他们。

现在，当埃米莉所在的学区聘任新教师的时候，埃米莉在为他们提供有关学区的定向指导方面发挥着关键性的作用。像为自己的学生确立高期望一样，她也对新教师的表现提出高期望。当这些新教师第一次与埃米莉见面以后，他们感到有点恐惧。她明白地告诉这些新教师，服务于分配给他们的所有学生的教育需求，是他们的职责。除非有一些情有可原的情况，期望所有的儿童都能够掌握核心课程，确保这种成功正是新任教师的责任。尽管埃米莉已经很仔细地向他们解释了学区对于新聘任的教师有一个综合性的支持体系，但是她还明确地告诉他们，在这个学区中，没有哪个教师可以直接得到终身职位的推荐，除非他或她展现了取得这些成果所必需的技能。在任期决定之前，他们有两年半时间去达到课堂教师的熟练水平，她明确地表明，会给大家提供支持以确保其成功。

当到了制定政策、设计新课程计划、采用教材、家长参与学校活动以及进行学生评价的时候，埃米莉表现出了同样强硬的、倡导学生权利的立场。她通过询问“这对于我的学生们来说意味着什么?”这样的问题来对有关所有这些问题的决定进行过滤。学区的管理者有时候对埃米莉很恼火，但是他们的心里明白埃米莉是正确的。

渐渐地，埃米莉的影响范围已经超越了她的班级和学校。但是，在其寻求自身专业发展方面，她没有满足于停留在原地。她不断地趋向自我完善。她广泛而又深入地阅读其领域内的资料。她家里的专业藏书量甚至可以比得上当地大学图书馆的专业藏书量。尽管埃米莉没有申请国家级资格证书，但是没有人怀疑她达到国家级标准的能力。她所在社区中的每一个人都知道她是谁，她代表着什么。她被认为是初等教育的“穿花衣的吹笛手”（pied piper）。她的学生愿意追随她到任何地方。

专家期的界定

达到了教师职业生涯周期模型中专家期的教师们呈现出各种各样的年龄与经验。作为个体，他们同时受到积极与消极两方面的外部因素影响。在内部因素中，家庭问题、经济方面的关切以及精神需要在他们的生活中起着非常重要的作用。

许多专家型教师都发展了一些方法，用以识别并克服影响其教学的外部消极因素。通过坚持严格的教学业绩标准和不让外部影响因素过度地使自己妥协，他们已经达到了这一发展水平。专家型教师继续致力于对学生学习、对自我学习和教学经验的奉献投入。他们继续保持并不断建立与同事、家长、学生之间的关系。

埃米莉很显然代表着专家型教师。专家型教师已经达到了教学的最高水准，并常常将自己视为超越于学校边界的专业成员。正因为如此，他们经常去寻求达到专业教学标准全国委员会（NBPTS，1998～1999）的资格要求。这些要求包括如下方面。

- 教师奉献于学生及其学习。
- 教师了解他们所教授的科目，并知道如何向学生教授那些科目。
- 教师要负责管理并监控学生的学习。
- 教师系统地思考他们的实践并从经验中学习。
- 教师是学习共同体的成员。

埃米莉已经获得了中期儿童教育通才证书（the Middle Childhood Generalist Certificate），她以这个重要的专业成就为荣。

与实习教师行为方式的结构化和缺乏弹性形成对比，伯利纳（1998）将专家型教师归为"'非理性的'（arational）一类，因为他们对环境具有一种直觉的领会能力，并常常看似未经深思熟虑就能对事情作出恰如其分的回应，他们的行为表现似行云流水般的顺畅"。处于这个时期的教师以轻松和自动地应对课堂情境来展现他们的专业技术。亨利（1994）发现专家型教师总是基于自己的而不是同事、管理者或者社区成员的信念和价值观来进行教育决策的。

专家型教师的另一个特点就是他们具有对各种学习者的敏锐识别能力，这可以转化为具有前瞻性和预期性的教学。埃米莉已经发展了她的反思技能，在授课之前，而且经常也在教学过程中，会吸收学生的反应并相应地调整教学。专家型教师能够在任何环境下教任何学生。

处于专家期的教师对他们的环境与他们的学生具有一种全局的视野（Gollnick & Chinn，1990）。这种视野使得他们能够在学生、同事以及其他群体之间创设互相尊重的环境。他们信任所有的学习者，并努力使所有学生发挥自己的最佳潜能。

专家型教师对他们所选择的职业感到满意，并对他们的教学能力充满信心。他们已经在技术和个人方面对自己的角色充满了自信，但仍然为达到更高的教学与学习水平而不断努力。像埃米莉这样的教师能够在她的专业发展中游刃有余，而且对于自己的成就仍然感到很自信。然而，专家型教师的一个显著特征就是他们保持参与反思—更新过程的动机。

因此，专家型教师的特征在于其不断地谋求专业成长。他们努力寻找更好的教学和学习的方法并享受他们自己的学习。当他们设法在自己的课堂上开展行动研究时，这种成长的过程是很明显的。

到达专业期的教师拥有大量的经验基础，这也使他们可以成为很有效的领导者。这种领导也许以课程开发、教学支持、新教师的入职指导培训或专业发展这样的形式呈现。教学支持团队尤其受益于专家型教师的知识。他们的专业技能对于那些正努力满足所有学生需求的教师是特别有益的。专家型教师专业经验的跨度与深度使得他们能够成为有效的问题解决者。

持续的成长与发展是专家型教师全部技能的一部分。实习教师经常被激励去追求专业发展以取得终身任期或者获得薪水的增长。而专家型教师由于具有强烈的为专业献身的精神和尽可能做到最好的渴望，通常都是通过自我激励来不断改进教学。他们中的许多人都把自己的时间和资金都投入到了追求专业发展机会之中。

专家型教师受他们对新观念的追求所驱动。他们对于能够尝试某种原创性的、与众不同的事情的前景而感到欢欣鼓舞，借助了解当今的教育趋势和社会问题的机会而不断成长。埃米莉就是那种为了学校环境下的制度变革和成长而不断向管理当局提出新思想的教师。

最后，合乎道德规范的行为是专家型教师的习惯。他们努力成为学生和同事的积极的角色模范。专家型教师具有的道德品行确保他们能够给自己的职业和自身增光。

连续性的线索

专家型教师将反思视为一种回顾行为与问题以决定实现目标的更有效方法的持续过程。这一方式是导向更新过程的一部分。专家型教师通常将反思内化了。他们总是考虑他们的教学对于学生的影响是积极的还是消极的（Berliner，1986；Darling-Hammond，Wise，& Pease，1983）。正如达林·哈蒙德所述：

> 专家型教师运用有关儿童及其学习的知识来改革课程，以使观念与学生的经验建立起联系。他们创造了多样化的学习机会，使得学科内容对于那些以不同的方式学习的年轻人变得生动活泼。他们知道如何去支持学生的持续发展和成就动机，并通过创造渐进的步骤以帮助学生朝向更复杂的观念与行为方向进步。他们能够诊断出学生学习问题的根源，并能够识别出进一步发展所依赖的优点。正是这些技能带来了激发学习式的教学与原地踏步式的教学之间的巨大差别。

处于专家期的教师以一种合作的方式去追求反思，包括对话，与同事一道参加专题小组或者问题解决会议，和在大学与中小学伙伴关系情境中担任教师教育者。

随着教师逐渐经历了其职业生涯周期的各个时期，他们在反思过程中整理自身经验的方式（自己的模式）的差异也更加明显（Hammrich, Bonozo, & Berliner, 1990）。学徒教师由于课堂教学经验有限和实习期的反思过程比较结构化，所以往往是努力进行批判性自我分析。专家型教师则主要是依赖“程序性知识和教育原则”（Hammrich et al., 1990）。学徒教师经常关注一堂课的表面特征，而专家型教师主要关注的是支撑教学的基础结构和内容。

专家型教师关注长期的反思过程。通过今昔对比，他们回顾了过去的经验，同时又融合了教与学过程中的新趋势。专家型教师依据课堂观察与家长反馈积累了许多笔记。而且，他们在教学策略方面也保存了大量的文件。这些资源中的每一种都能够使他们作为专业人员持续更新。

学徒教师可能会有辅导教师、校长或者其他教师来进行指导。与之相反，期待专家型教师在其教学生涯的最初时期，在没有系统反馈的情况下就能够发挥多种作用。

对于专家型教师来说，尽管其拥有大量的更新途径，但是退缩的危险依然是存在的。专家型教师往往由于当地缺乏合适的专业发展机会而感到受挫。而且，大部分的专业发展主要是针对不那么有经验的教师的，很少能够满足专家型教师的需要。另一个普遍关注的问题就是缺乏培训、加工和开发新策略的时间。幸运的是，阅读杂志、参加研讨会、担任州各种委员会委员以及同伴间的互动都是这个时期中专业发展活动的可用形式。最后，传统的带薪休假也为专家型教师提供学习与反思新知识所需的有效时间。另外，一些专家型教师还利用这个时间去记录下他们从这些经验中所学到的东西。由于时间对于专家型教师来说是使其自身技能获得新生的非常宝贵的东西，所以也会影响到教师是否能够向教学工作的杰出期迈进。

专业发展的策略

专家型教师证明了教师的职业生涯周期模型中所描述的终身学习的价值。他们也许持有多种学位，包括最高学位。许多教师也许继续学习研究生水平的课程或者作为兼职教授给本科生和研究生授课。专家型教师也通过担任诸如学科主任或者年级主任、社区委员会的学区代表、课程开发小组的领导之类的正规教育职位，而对学习共同体有所贡献。

很多时候，专家型教师通过参与地方性和全国性研习会和研讨会来充分利用非正式的学习机会。他们经常负责为同事提供和（或者）组织正式与非正式的培训会。在这些培训会议上，专家型教师紧跟该领域的前沿，并与同事们一道构筑这个职业的知识基础。正如专业教学标准全国委员会（NBPTS，1998）所建议的那样："有成就的教师努力加强他们的教学，批判性地考察他们的实践，谋求扩充自身的专业技能知识，深化他们的知识，磨炼他们的判断力，并使他们的教学适应新的发现、观念与理论。"

专家型教师所展现出的自我完善的热情会指引他们向杰出教师水平发展。尽管他们也许不是有意识或有目的地促成这种发展，但许多教师凭借基本的自我激励与专业奉献精神获得了提升。

专家型教师已经获得了高度的成功，这使他们能够对于他们所追求的活动更加具有选择性。由于他们受到尊重和拥有技能，专家型教师还可以对工作机会挑挑拣拣。例如，专家型教师对于教师专业发展学校的奉献投入也许会使他（或她）担任实习教师的角色示范比担任学徒教师的辅导教师更有效。这种行为符合伯利纳（1998）认为专家型教师作为示范也许会比作为辅导者更为有效的观点。

专家型教师是经常寻找"宽广图景"的梦想家，并成为推动学校改善的积极力量（Gehrke & Romerdahl，1997）。因此，领导才能是专家型教师身上的一种共同元素。这些教师利用他们所学到的去帮助该职业领域内的其他人。当一些专家型教师走向杰出教师期的时候，他们运用他们的知识去影响政策。正如格尔克、罗默达尔（1997）所述："选择通过实施领导——同伴的帮助者、决策者、研究者以及与社区之间的联络员——发挥作用的教师坚称，在做这些工作的时候，他们发现他们能够为更大的体系作出重要贡献。"

当专家型教师憧憬未来的时候，他们的专业角色还包括通过出版物、演讲以及教学来分享他们的专业技能。尽管并非所有的专家型教师都能够进入杰出教师期，但是那些进入这个发展期的教师的确在自我生成性成长中受益匪浅。

对研究与实践的建议

有关专家型教师的发展仍然还有许多需要进一步了解的。伯利纳（1986）提出，专业知识与背景有着紧密的联系，但是对于不断变化的环境如何影响教师的专业知识这一点，尚不十分清楚。环境的这种变化可能会围绕着年级水平、学校、同事、管理、课程，或者班级人数等而发生。未来的研究应该去探讨采取什么严格措施才能帮助教师将他们的专业知识从一种环境向另一种环境迁移。如何才能使自动性（automaticity）迁移到一个新的环境呢?

教育舞台的这一领域还有许多东西需要去了解。正如沃尔夫和布兰特（1998）所指出的那样："最近神经系统科学研究的激增具有增加我们对教与学的了解的令人振奋的潜能。"除了对大脑运作机制及其对儿童学习的影响的了解之外，新的研究也许能够有助于洞察教师职业生涯周期模型的每个发展期中教师是如何处理信息的，以及这种信息处理是如何影响构成专家型教师特征的自发性（spontaneity）的。沿着这些线索去研究，将有助于界定并确认专家型教师的特征，可以提炼出这一时期教育者的专业观点与意义。例如，专家型教师并不一定就是那些具有多年教学经验的教师（Sternberg & Horvath，1995）。在这个资料基础之上，研究也许会得出对专家型教师的最适宜定位——在课堂和学校中作为教师教育者或者社区的领导者。深度探究专家型教师在生涯周期连续体中所扮演的完整角色，也许有助于我们更好地理解他们的专业知识，以及学区在教育发展的不同阶段如何更好地利用这种专业知识。

参考文献

Berliner, D. C. (1986). In pursuit of the expert pedagogue. *Educational Researcher*, 15 (6), 5 - 13.

Berliner, D. C. (1998, February). *The development of expertise in pedagogy*. Paper presented at the annual meeting of the American Association of Colleges for Teacher Education, New Orleans. ERICED 298 122.

Darling-Hammond, L. (1998). Teachers and teaching: Testing policy hypotheses from a national commission report. *Educational Researcher*, 27(1), 5 - 15.

Darling-Hammond, L., Wise, A. E., & Pease, S. R. (1983). Teacher evaluation in the organizational context: *A review of the literature. Review of Educational Research*, 53(3), 285 - 328.

Gardner, H. (1983). *Frames of mind: The theory of multiple intelligences.* New York: Basic Books.

Gehrke, N. J., & Romerdahl, N. S. (1997). *Teacher leaders: Making a difference in schools.* West Lafayette, IN: Kappa Delta Pi AN International Honor Society in education.

Gollnick, D. M., & Chinn, P. C. (1990). *Multicultural education in a pluralistic society.* New York Merrill.

Hammrich, P. L., Bonozo, J., & Berliner, D. C. (1990). *Schema differences amnong expert and novice teachers in reflection about teaching.* ERIC ED 344 837.

Henry, M. A. (1994, Febuary). *Differentiating the expert and experienced teacher: Quantitative differences in instructional decision making.* Paper presented at the annual meeting of the American Association of Colleges for Teacher Education, Chicago. ERIC ED 367 596.

National Board for Professional Teaching Standards. (1998). *Guide to national board certification.* San Antonio, TX: Author.

National Board for Professional Teaching Standards. (1998 - 1999). *What every teacher should know.* San Antonio, TX: Author.

Sternberg, R. J., & Horvath, J. A. (1995). A prototype view of expert teaching. *Educational Researcher*, 24(6), 9 - 17.

Wolfe, P., & Brandt, R. (1998). What do we know from brain research? *Educational Leadership*, 56(3), 8 - 13.

第六章 杰出教师

（比利·J. 恩兹、凯思琳·R. 韦伯、鲁思·D. 坎波皮阿诺）

通过案例研究考察杰出期

凯西是她所在学校的一位领导。在17年的教师生涯中，她曾在许多学校、学区以及教师联合会的委员会（teacher-association committee）供职和担任过领导职务。在这些年中，她所作出的贡献使学生和其他教师受益匪浅。在她所在学校的管理者的鼓励与支持下，凯西已经在学区、州以及全国性会议上举办了研习会。她不断地参加范围广泛的各种专业发展研习会。

有一年，在一次专业协会的会议上，凯西了解到一种名为“国家委员会教育者资格证书”（the National Board Certification for Educator）的新计划。获取该资格证书的过程所提供的自我发展和专业反思的机会激发了她的兴趣，所以她决定努力去获得这个证书。在她的勤奋努力之下她成功了，成为了她所在州第一位获得国家委员会资格证书的教师。她评论获得资格证书的过程说：“这个经历使我由一位好教师转变为一位非常好的教师。”被命名为当年的州年度优秀教师也增强了她的信心。

为了能够与同事和其他教育者分享自己的经验，凯西与一所大学的教师合作，不仅为那些准备获得国家委员会资格证书的教师开设了一门课程，而且还开发了一项辅导计划。她通过讲授一门以教学现场为基础的本科生方法论课程，继续扩展自己对这个职业的影响。

因为凯西喜欢自我挑战，所以她很自然地也就成为了一位积极的基金申请书撰写者（grant writer）。她最初开始撰写基金申请书是为了帮助她所在的学校获取开展特殊学习项目所需的资金。她在综合考察许多可以申请的基金时注意到，有一些基金提供实质性的资金奖励，其中包括了她最喜欢的克里斯特·麦考利夫研究资助金（Christa McAuliffe Fellowship）和迪斯尼美国教师奖（Disney's American Teacher Award）。这些渠道成了为凯西在学区中进行技术革新努力提供资金的极好手段。但是，她申请基金的动机主要是来自于学校更新设备从而更好地为学生提供服务的需要。

凯西对教学工作充满激情。她利用木偶向小学生讲授概念，并因这一独特的、富于想象力的方法而赢得了声誉。凯西总是流露出对教学工作的热忱与激情。她写道："这一职业占据了我的全部精力（all-consuming），它总是在我的心中。"她将自己视为"群体中的一部分"，但是，她作为一位杰出教师的声誉使她可以成为各项事业的代言人（a vocal advocate）。当被要求分享她的观点与建议的时候，她既惊喜又愉快。凯西具有促进这个职业不断进步的追求。她说："多数学校都是知识与优秀品质的巨大资源"，"特别是在教师花费时间向其他教师学习，并与其他教师共同成长的时候"。

凯西是一位杰出的教师。她对于学生和教学的奉献，以及她所在地区、学区、州等各个层面上的持续领导工作都显示出了她对教师职业的影响。

杰出期的界定

学者们关于专家型教师有过很多著述（Berlinar，1986；Sabers，Cushing，& Berlinar，1991），但是很少有人以超越案例研究或者传记的系统方式写过关于杰出教育者的内容。教师职业中传统上只将杰出教育者限定为诸如密尔肯教师奖获得者、迪斯尼美国教师奖（Disney's American Teacher Award）获得者、年度国家教师奖以及金苹果会员的这些获得正式承认的个人。然而，如果“杰出教师”仅仅只是一种被授予专家型教师之中一小部分人的头衔，那么杰出教师的数量就要取决于专家型教师拥有的获得正式承认的有限机会。另一方面，如果成为杰出教育者是教师发展的一个时期，那么这个时期与专家型教师时期相比又有哪些区别呢？缺乏有关杰出教育者的研究，使得这个问题难以回答。认为专家型教师是教学能力的终极水平这种观念，也使得这个问题变得复杂；因此，专家型教师的范畴也许太过于宽泛了。

杰出教育者也许拥有更多非凡的教学技能。例如，像凯西这样的教育者，“就超越了任何人对于模范教师的定义”（Steffy & Wolfe, 1997）。如果专业知识的重点仅仅置于教学技能方面，那么杰出教育者的独特品性与态度就可能被遮蔽。

连续性的线索

为了衡量杰出教师与专家型教师的区别，29 位年度国家教师（NSTOY）被请求完成一份开放式调查。共计有 26 位教师完成并提交了这份调查；其中，有 12 位反馈者是小学教师，14 位是中间学校或中学的教师。26 位反馈者都拥有 8～35 年的教学经验，平均教学经验为 23 年。他们对如下三个问题作了回答：

- 专家型教师与杰出教师的区别是什么？
- 什么样的活动或者职能有助于更新你对教学的热情？
- 什么因素可能会导致你从教师职业中退缩？

尽管所有 26 位年度国家教师都独立回答了这个调查，他们的答案却惊人地相似。下面是一个概要，并配有从他们的书面陈述中摘录下来的内容。

专家型教师与杰出教师的区别

这些年度国家教师认为，专家型教师应该是极其称职、对其学生和教师职业高度奉献的教师。绝大多数年度国家教师都把自己看做专家，但是也指出了他们认为是识别专家型教师与杰出教师的关键特征：激情、领导力和影响力。

激情

年度国家教师经常认为杰出教师对其所选择的职业充满激情。正如其中一位反馈者所说的那样，“杰出教师怀有一种超越职业生涯与教学任务之界线的‘传教士式热情’”。也正如另外一位年度国家教师所说的，“杰出教师看上去好像拥有一种渗透于他们整个生命之中的愿景与使命。他们对于教学工作的投入、奉献以及热情指引着他们日日夜夜的生活”。这种激情首先指向他们的学生：“儿童的未来是教师每一个行为的聚焦点。因为他们相信，每一个儿童都是独一无二的、有价值的、能够获得成功的人。”

也许因为他们将学生视为他们所努力所指向的核心焦点，所以几位年度国家教师都表明，杰出教师更可能围绕学生的需要与兴趣去建构课程，而不是使儿童去适应课程的需要。他们的激情也会转化成坚决的行为。正如一位年度国家教师所述：“杰出教师会排除一切阻碍尽可能地去实现由学生所设定的目标。他们寻求从未使用过的资源，而且也不会被官僚机构的繁文缛节所左右。”

领导力

年度国家教师将杰出教师描述为自信的领导者与冒险者，他们与同事、新的专业人员、更宽泛的教育群体以及地方、州和国家的政治家们分享他们的知识。在对调查进行反馈的年度国家教师中，有许多人都担任全国性教育组织的领导职务。正如一位反馈者指出的那样，“杰出教师被认为，而且他们自己也认为自己有责任与他人分享他们的经验、知识、观点、建议以及支持”。也正如另一位反馈者所说的，“杰出教师都是自信的、天生的领导者，也是非凡的具有主动精神的人。他们是发起人和鼓动者（shakers），他们在政治、商业以及教师界都游刃有余”。

影响力

激情与领导力的结合形成了大多数年度国家教师经常所描述的杰出教师的品质：影响力。这些教师的作用超越了教室。一些反馈者提出，杰出教师具有愿景和一种对学校、学区、州以及在很多情况下也包括国家教育方向的公认影响力：“杰出教师在教育领域中广泛参与。他们常常在超越学校、学区和州范围的教育问题方面发表观点。”

杰出教师通常是改变学校文化的主要力量。例如，他们为学生提供额外的辅导服务，如建立学术俱乐部。关爱学生、他们的家庭和社区，还有深切关注儿童的家庭生活质量，这些都进一步阐释了这种具有高度影响力的（high-impact）教师。正如一位反馈者所指出的，“杰出教师对于儿童生活的影响已经超越了教室，超越了教学本身。无论是一副新眼镜还是助听器，或者甚至是合适的学校服装，他们都会考虑到儿童的全部需要，并采取谨慎的行动以确保儿童来到学校愿意学习”。

埃里克森（1982）的著作也许有助于解释杰出教师信念和行为背后的心理动机。他以一种宽泛的、两极化的术语，将关于成年期的心理学术语界定为“生成性”对“停滞”（generativity versus stagnation）。但是，在这些杰出教师的书面陈述和访谈中，他们说出了埃里克森称之为对关爱的热切投入（urgent commitment to care）的东西。这些杰出教师展现出了超越其教室之外的一种奉献水平；他们感到有必要提升所有人的生活质量。这种激情和进取反映出科尔伯格（1984）所谓的普遍伦理原则取向的一种道德维度。

正像凯西一样，年度国家教师也被迫去回应他人的需要，并为改革社会系统而工作。这些行为使人想到了诺丁斯（1993）所描述的关怀伦理。年度国家教师中许多人的陈述都表明，他们认为教师的作用和教学的行为赋予其生活很深刻的意义。

恢复对教学的热情

年度国家教师提到了各种更新的资源。其主题普遍围绕着五种资源：智力刺激；同事间的互动；共享知识；变革与挑战；与学生的互动。

智力刺激

杰出教师出席全国性、州以及地方性专业会议，并在会上发言。学习与分享新观念的机会赋予他们活力与动机。正如一位年度国家教师所说的那样，“这种互助网络体系以及与其他专业人员一起度过的那些时间，赋予了我计划、思考与反思新、旧观念的时间”。

同事间的互动

杰出教师发现与其他同事合作非常重要。年度国家教师中许多人尤其喜欢与其他杰出教师共度一段时光，正如一位年度国家教师的陈述所表明的那样，“身处其他杰出教师身旁是令人振奋的。我发现他们的热情与自我激励是‘带电的’，与他们在一起之后，我总是感到被再次充了电”。

共享知识

像专业型教师与专家型教师一样，杰出教师很乐于与职前教师、新任教师一起工作。这能够刺激反思，并提供教学和反思教学的独特机会。正如一位反馈者所指出的那样，“与新教师一起工作是令人兴奋的。我喜欢看着他们学习，并变得更加充满信心。我也能够从实习教师那里学习到新的观念，而且我也喜欢跟他们分享信息与观念。这会使我自身的技能得到磨砺与提高”。

变革与挑战

杰出教师非常欢迎成长的机会。他们提到，获得更高的学位、谋求获得国家委员会的资格证书、开展课堂研究、进行新课程试点或者变换教学年级，这些都为他们提供了内在的动力。杰出教师喜欢变化角色，正如一位杰出教师所称的那样，为同事们提供在职培训或者为大学讲授方法课程，尽管“要求很高，但是令人兴奋！”这些杰出教师充满自信，并且寻求拓展自身知识与技能的路径。

与学生的互动

杰出教育者将学生看成专业更新的最稳固、最重要的资源。从根本上说，学生的需求与兴趣激发了这些教师。学生的回应与成功鼓舞着他们。以前教过的学生也是一种更新的资源。例如，一位年度国家教师说，当她“从学生及家长那里得到反馈的时候，那就表明你或者你的努力已经使他们的生活发生了改变”，她就会感到动力十足。另一位年度国家教师也提到，“满足学生的需要可以激发动机。每一年都会迎接新面孔、新班级的挑战，这会激励我发展”。

杰出教师的退缩

对于那些会导致他们从教师职业中退缩的事件，年度国家教师的反应就不那么一致了。尽管其中有两位教师认为，根本无法想象会有什么事情会导致他们“不能尽其所能”；但是绝大多数教师都写出了两到三个能够导致他们质疑自身在职业中的地位的问题。在这些问题中，个人危机、专业形象、无反应的（unresponsive）管理被提到的频率最高。

个人危机

年度国家教师将身体健康或者家庭危机作为从其专业职责中退缩的一个潜在原因。许多人都要赡养年老的一代（他们的父母），抚养年幼的一代（他们的子女或者孙子、孙女）。正如一位反馈者所承认的那样，“当你得了重病或者你的家人（父母或者子女）需要你的时候，你很难继续‘全身心’投入到工作之中”。

专业形象

一些年度国家教师谈及媒体的负面关注的巨大影响。负面的关注会使教师士气严重受挫。一位反馈者概括了许多年度国家教师的观点：“我非常痛苦地发现，媒体始终轻视学校以及在公立学校工作的人们所付出的努力，据我所知，许多教师之所以早早就退休了，那是因为他们非常讨厌每天工作 12 个小时后听到新闻里面说，他们所从事的工作多么差劲。”

许多年度国家教师感到，地方教育委员会成员和那些立法者经常认为“教师所做的工作是无能的”。其中几位教师提出他们很讨厌那些政治家“将社会问题归咎于公立学校”。正如一位反馈者所陈述的那样，“政治家认为任何人都能够从事教学工作，或者他们甚至没有在公立学校系统中工作过一天，却认为他们拥有对一切问题的答案。这种态度是对所有教师的一种贬低”。

无反应的管理

无反应的管理几乎是所有年度教师所指出的最大问题。学校校长不鼓励教师的专业发展，也不将学生的需求放在首位，这是特别令人烦恼的问题。正如一位年度国家教师所指出的，“校长可能以精彩的方式也可能以糟糕的方式来影响学校。他们可能支持，也可能会阻止针对学生和教师的新计划”。另一位反馈者指出：“校长既可能赋予教师以力量，也可能会毁了教师。如果校长认为他们的工作是控制学校，那么就会出现问题。好的校长总会鼓励教师处于其控制之中。”

专业发展的策略

杰出教师不断地用高度复杂的心理图式来诠释学生的需求、课堂互动、课程组织以及授课。他们反思自己的教学实践与课堂互动。他们寻求成长和将新知识融入自己课堂的机会。他们需要挑战，以保证能够紧跟教师职业前进的步伐。

学习的机会

大多数年度国家教师都谈到了持续的专业发展的重要性。尽管这些教育者都努力持续地改进自身的实践，但是他们也需要管理者的支持。年度国家教师认为杰出教师需要智力方面的刺激。他们之中的多数人都承认专业研讨会在他们的职业生涯之中发挥着重要的作用。学区必须为杰出教育者提供参与专业研讨会的资金。那么，杰出教育者就能够很容易地与同事们分享从这些研讨会上获取的信息。

反思的时间

几乎所有的年度国家教师都认为时间是反思与更新的一个必要条件。他们需要时间去与同伴和新教师一起工作；他们很看重用来思考其领域内和学生需求方面所发生的变化的时间。在公立学校之中，时间是宝贵的，也是很难获得的商品。学校的真正本质使得教师很难参加学术研讨会。同样，学校授课日程的组织也限制了同事之间讨论学校事务的时间。

专业挑战

杰出教师需要专业挑战。他们乐于培训实习教师和帮助成年学习者。他们也乐于讲授方法方面的课程和为同事研发课程和培训模式。他们从研发新的教学方法或者开展课堂研究之中获益。角色和职责的变化可以令人兴奋和备受鼓舞。

对研究与实践的建议

杰出教师与专家型教师具有许多共同的特征。二者都具有积极性，检视他们的实践，并努力加强他们的教学。对这项调查进行反馈的这26位年度国家教师指出了他们所感受到的一些区别。尽管他们承认了他们头衔的重要性，但是他们认为他们的激情、领导力以及影响力确实使之与专家型教师有所区别。年度国家教师认为除了其教学技能之外，正是这些品质使得他们获得了认可。由于这项调查只是小型的，而且研究还很不足，因此还不能得出一个坚实肯定的结论。

有关有才华的专业人员这方面的知识基础必须得到扩充。本研究表明，杰出教师已经超越了专家型教师的范畴。他们的激情、领导力、影响力使他们超出了教师发展的专家期。可以开展进一步的研究以考察杰出教师是如何反思其工作以及这种反思与专家型教师反思实践之间有什么样的区别。关于退缩，研究者可以关注整个职业生涯周期中的教师激励问题。

接受本研究调查的这些杰出教师都具有许多领导品质。他们在学校环境中如何展示他们的领导力？学校又如何利用这些娴熟的领导者，同时又不会使之丧失作为课堂教师的才能呢？这些教师个人是否还有更灵活的日程安排，从而使之能与其他教师合作呢？

杰出教师是个人和专业品质的典范。他们对学生表现出了最高度的能力和激情。他们给教师职业增光添彩。他们是具有前瞻性的教育者，他们自觉反思自身的教学实践，并不断地为了成长而自我挑战。他们的才华和人际关系能力鼓舞着同事们。他们乐于承担领导的职责。他们的影响范围超越了课堂，以凸显教育奇迹和教学工作在当前和未来所面临的挑战。

参考文献

Berliner, D. C. (1986). In pursuit of the expert pedagogue. *Educational Researcher*, 15 (7), 5 - 13.

Erikson, E. H. (1982). *The life-cycle completed: A review*. New York: Norton.

Kohlberg, L. (1984). Essays on moral development, Vol. 2. New York: Harper & Row.

Noddings, N. (1993). Caring: A feminist perspective. In K. A. Strike and P. L. Ternasky (Eds.), *Ethics for professionals in education: Perspectives for preparation and practice* (43 - 53). New York: Teachers College Press.

Sabers, D. S., Cushing, k., & Berliner, D. C. (1991). Differences among teachers in a task characterized by simultaneity, multidimensionality, and immediacy. *American Education Research Journal*, 28(1), 63 - 88.

Steffy, B. E., & Wolfe, M. P. (1997). *The life cycle of the career teacher: maintaining excellence for a lifetime*. West Lafayette, IN: Kappa Delta Pi, an International Honor Society in Education.

第七章 荣誉退休教师

（雷蒙德·J. 达吉奈斯、贝蒂·E. 斯黛菲、比利·J. 恩兹）

通过案例研究考察荣誉退休期

玛丽、克拉拉和哈里是他们所谓的“白发旅”（the gray brigade）的部分成员。他们在六年前的退休教师联合会的一次会议上相识，一见如故，并开始了长久的友谊。这个三人组已经到达了教师职业生涯周期模型的荣誉退休期。当他们作为教师的时候，他们充满激情地关注着他们的职业，而且这种激情一直持续到今天。他们都积极参与到帮助学校改进和帮助儿童成功的事务之中。他们每个人都以非常不同的方式去进行这种追求。玛丽是州立法会上一位著名的政治活动积极分子。克拉拉是附近一所学校的四年级志愿者教师，她知道如何为那些学习成绩不好的学生提供恢复的才能。哈里因其获得了辅导学徒教师100%的成功率而知名。所有这些荣誉退休教师都继续为教学工作领域作出重要贡献，不过是按照自己的条件和自己的方式。

对于玛丽、克拉拉和哈里来说，教学并不是一种工作。它过去是（而且现在还是）他们所选择的一种生活方式，只要他们的健康与精力状况允许，他们就会继续追求这种生活方式。尽管他们是以不同的途径进行追求，但是他们每个人都感觉得到了回报。

当看到自己的观点反映在被提议的新立法之中时，玛丽获得一种

"高峰体验"。她可以叫出州教育小组委员会每一位成员的名字。每当一位新成员被任命为委员会委员的时候，她就把建立这个立法者的个人档案，与他（或她）会面，并为其提供有关州一级的教育结构的历史信息，作为自己的任务。她因善解人意、直率且对国家教育发展趋势有见识而著称。玛丽在其所在州范围内拥有一个她很快就能够使之活跃起来的强大教育支持网络。当她发表讲话的时候，来自州政府部门的立法者及其助手都会仔细倾听。据传闻，当棘手的教育问题被提上议事日程的时候，她一直都是这些重要的闭门讨论会的一分子。玛丽知道自己具有影响力，但是她的指导原则永远是相同的，即"一个行动、法令或规章如何才能使更多的儿童能够达到高标准的学业要求，建立一种价值观，变得有韧性，并能够内化个人对知识的热情?"

克拉拉75岁，已经退休13年了。在过去的10年中，她已经成为当地小学的一位固定成员，每天早上七点半到达学校，然后一直工作到学生放学回家。不仅学校里面的每一个学生都认识克拉拉，每一位家长、每一位教师也都认识她。她用某种特殊的方式触及了他们每个人的生活。尽管四年级的那个班是克拉拉的工作基地，但是她会去学校最需要她的任何一个地方。当四年级的男孩子们因行为不端而名声不好时，克拉拉特别地与他们建立起联系。她找他们出去，与他们共度日常时间——上学之前一起聊天，与他们在自助餐馆一起吃饭，或者仅仅只是"闲逛"。孩子们很听她的话，因为她愿意倾听他们的话。她已经成为了这群生活中缺乏重要支点的孩子们的第二家长。

尽管年龄正在向克拉拉鸣起生命的钟声，但是她的脚步依然保持轻快，眼神中依然熠熠生辉。克拉拉努力跟上所有最新时尚、电视节目和电脑游戏。她能够娴熟巧妙地运用流行儿童文化中的例子来作为长远目标的一个个示范。学区教育委员会最近颁发给她一项特别志愿者服务奖。克拉拉表示，只要学校需要她，她将一直留在学校。学生、教师、家长都希望她能够更长久地给他们的生活带来更精彩的礼物。

哈里年轻时就喜欢教小孩子们如何运动。当他成为一个少年棒球联赛教练的时候，他就知道了他的职业应该是当一位教师。哈里一完成教师教育的本科课程，就在一个恰好需要男教师做教练工作的学区申请到了一个职位。由于对户外运动的健康兴趣，他与童子军、宗教团体及其他组织打交道。所有这些事情都非常有助于哈里处理好其作为一位五年级教师的工作。

像大多数新教师一样，哈里感到没有信心，不是很轻松。这位实习教师认为自己可以充分地回答家长的问题，但是却感觉到一些家长因他缺乏经验而不愿意接受他的观点。由于若干年来在学生身上取得的成功，哈里在教学能力方面获得了信心，并且随着他的专业成长，他也越来越得到家长、管理者以及同事的认可。

哈里运用各种各样的课外兴趣与课外活动使他的班级“活跃起来”。在走到其教学生涯一半的时候，他开始了关于户外教育的正式研究，以使学生参与到对环境的探究之中，并将这种学习与其他单元的学习整合在一起。这种创新工作需要奉献与能力，而且也需要从行政管理者那里得到一定程度的信任。哈里的辅导教师（supervisor）明白，他会通过利用户外教育的方式来强调“基础”（the basics）。从各种评价尺度来看，学生的表现都是非常良好的。哈里被提名为“年度优秀教师”，他对伙伴们选他去接受这一奖励感到非常光荣，他很清楚，他是代表那些应该得到奖励的其他教师去接受这一奖项的。他也将这项奖励看作是对其追求卓越的愿望予以接受和承认的一种宣言。

专业知识与信心的增长也为其带来了其他教学机会。哈里开始为当地的一所大学指导实习教师。在他职业生涯的后一部分时间内，他与16位实习教师在一起工作。为了确保他们的成功，哈里逐步地将他们引入课堂教学工作之中。实习教师首先要观察，然后讲授一节拼写或者阅读课。最后，他们要通过负担整个班级的教学任务来获得并承担全部教学责任的经验。哈里的这16位门徒都成功地找到了教学岗位。与他们之间的互动，也有助于哈里反思并提高自身的教学。

大多数有抱负的教师都愿意接受哈里的辅导方式。在运用各种能使他们更轻松地进入教学角色的策略的同时，他认为他们可以将一些小的失败作为反思、更新与成长的聚焦点。在经历了一些失败之后，他就会懂得从失败中学习的必要性。哈里相信，正是教练、教师、同伴群体等此类重要角色，帮助他从这些经历中获得了学习。当他需要帮助的时候，就有人为他提供支持。

正式退休以后，哈里决定扩大指导实习教师和学徒教师的参与活动。他与当地的大学一起提交了一份基金申请，从而为学徒教师顺利通过入职指导期提供过渡指导服务。这一计划在为新聘任教师提供支持方面取得了很大成功，因此州立法机构正在考虑为其他学区提供资金来实施这种模式。所有参加哈里计划的教师都继续坚守在教师岗位。从教32年之后，哈里找到了一个比他做正式课堂教师更加愉快的位置。他发现了如何将学徒时期退缩的影响降到最低限度，并使这些新教师继续并扩展其反思—更新成长过程的方法。

荣誉退休期的界定

正如我们第一章所提到的那样，那些从事了一辈子教学工作，并获得了专家型教师或者杰出教师的技能以后退休的教育者，应该得到社会的感谢与赞誉。他们的努力，为成千上万的学生顺利进入工作领域和成年人的世界铺平了道路。

但是，对于一些教师来说，退休并不足够。荣誉退休教师正是那些正式退休后，由于其拥有的专业知识和对教育的忠诚而继续积极参与教师工作的教师（Steffy & Wolfe，1997）。进入荣誉退休期的教师个体都是辅导下一代教师的优秀人选。在教师的职业生涯周期模型中，除了实习教师接受自己班级教学职责是迈出的重要一步之外，从教师职业退休也是其中界限最为明显的过渡时期。美国联邦政府教育部长理查德·W. 赖利（Watson，1998）已经告诫说，在今后的十年中，公立学校将需要聘任220万名教师以适应入学率的增长和接替退休教师那一代人。这一预测对于那些已经退休的教师，特别是那些达到荣誉教师时期的教师来说，具有重要的含义。

在盖尔·希伊的《新路径——规划你的终身生活》（*New Passage-Mapping Your Life Across Time*）一书中，她问道："当你听到'退休'这个词的时候，你的头脑中首先联想到什么呢？报酬？解放？因老朽而退职？"退休与荣誉退休期可以有许多不同的意义和定义。而且，它通常是在整个职业生涯之中进行规划的。荣誉退休教师即使在退休之后，也愿意继续作为教师职业的一位积极奉献者。尽管退休通常来说并不是一个突发奇想的决定，但是诸如年龄、健康、经济以及家庭状况之类因素也影响着这一决定。

在决定何时退休方面，经济保障通常是主要考虑的一个问题。当就业收入终止的时候，诸如个人储蓄计划、退休金之类的策略和机制会成为这些教师的经济来源。如果没有预先注意到经济保障问题，教师的选择也许就会严重受限。经济缺乏保障问题甚至会导致杰出教师的自满和退缩。

人们通常不会在二三十岁的时候退休。得出“在这个职业中能够成就的目标，都已成功达到”这一结论，需要关于经验的智慧和洞察力。老化问题也会促使人们考虑健康问题。逐步滑坡的健康状况可能是构成教师沉重包袱的因素，这个因素也许会促使教师作出较早退休的决定。

家庭关系也会影响教师个人的退休。配偶具有了新的兴趣或者是变换了职业；一旦子女的正规教育结束了，他们会离开家庭开始他们自己的生活；这些事情都为教师反思生活变化和更新自己的教学投入提供了机会。在这样的时期中，职业教师可能会发展新的兴趣与机会，例如，以“协助”的角色与年轻教师一同工作。荣誉退休教师与一些退休人员面临着同样的境况；但是他（她）愿意继续积极参与教学工作。

连续性的线索

玛丽、克拉拉和哈里都已经成功地发展到了荣誉退休期。由于他们长年累月从事教师职业，获得了高水平的专业技能与学识，而且也许获得了专家型教师或杰出教师的地位，因此这些教师在很多方面都明显特别。但是，像其他退休教师一样，他们也需要考虑抚养和赡养自己的家庭成员，建立与朋友和同事的重要关系网，制订合理的个人财政计划，探寻新的业余爱好。当一位教师开始考虑退休的时候，教师所选择的方向取决于其在退休之前已经达到生涯周期的什么时期。导致退缩的因素力量可能会驱使教师拒绝向荣誉退休期发展。继续致力于反思、更新、成长，自然也会引导教师进入荣誉退休期。那些在职业生涯中不断进行“反思—更新—成长”过程的教师，看起来更可能以某种独特的身份继续为他们的职业作贡献。如果个体教师在退缩的状态中作出退休的决定，那么他们很可能不会选择进入荣誉退休期。

荣誉退休教师在对自身学习保持兴趣的同时，也非常乐于继续帮助他人。这种奉献精神正是荣誉退休地位的支撑。在其他任何时期，教师都没有如此多的发展选择。荣誉教师能够依据自己的技能和经验选择自己的路径。

自愿在当地的图书馆帮助人们学习阅读，辅导学生数学，担任足球队或者少年棒球联赛的教练，培训个人运用技术，或者指导实习教师和学徒教师——所有这些对于荣誉退休教师来说都是可能的。当一位教师“承诺”承担起帮助他人的责任的时候，更新就出现了。

专业发展的策略

荣誉教师也许被邀请到当地大学去讲授教学方法方面的课程，分享他们的智慧和久经考验的教学实践。学生与继续“反思—更新—成长”的、富有经验的教师建立起很好的联系。其他的机会还包括担任教学实习的辅导教师。荣誉退休教师还可以在新教师的入职指导中发挥作用，实习教师也能够从荣誉退休教师的明智建议与反馈之中受益匪浅。在这一角色之中，荣誉退休教师能够对其整个职业生涯周期加以反思，从而帮助新教师为预见和应对未知挑战做好准备。

处于荣誉退休期的教师也能够成为需要特殊学习援助的年轻学生的辅导者。荣誉退休教师也许会选择成为学生个人或者小组的辅导者，如果没有这种介入，学生就不可能达到一定的学业水平。

对研究与实践的建议

荣誉退休教师在很大程度上一直没有被作为一种重要资源而得到充分利用。相关研究能够提供预示荣誉退休教师影响的有价值信息。例如，哪个州授权的“教师入职”辅导计划成功地利用了荣誉教师的技能和经验？这种类型的研究应该确保专业发展的最终目的不是施行某种特别的创新或者政策，而是创设出一些习惯和结构，使持续性学习成为学校文化中宝贵和特有的组成部分（Fullan & Stiegelbauer，1991）。

最近的研究结论也同样表明了进一步研究这个问题的可能性。达根耐斯（1990）发现，辅导教师和学徒之间牢固的搭配关系，与成功的辅导具有正相关。通过开展进一步的研究，应该可以弄清在荣誉退休教师与实习教师的成功搭配关系中哪些特征是最重要的。这项研究所提供的信息对于成功实施对教师个体的辅导计划至关重要。

新教师说，他们与辅导教师共同度过的时间并没有他们所预期的那样多（Dagenais，1990）。相关研究能够证明荣誉退休教师与学徒期教师共同度过的时间总量以及互动的质量或者有效性。这种研究能够决定这些时间是如何使用的，讨论了什么样的关切内容，分享了哪些信息，这将会为荣誉退休教师考虑辅导角色提供指导。

在考虑如何继续为教师职业服务方面，荣誉退休教师有多种选择。像克拉拉和哈里一样，一些荣誉退休教师可能选择继续与儿童打交道。一些人也许会选择撰写杂志文章、书籍，或者其他类型的出版物。一些人则也许具有技术倾向，并参与到因特网交流之中。一些人也许会领导或者指导旨在为帮助新教师成长而设计的大学课程。像玛丽一样，一些人也许会为了学生的利益而决定积极参与政治活动。

帕尔默（1998）引用埃里克森（1968）著作中的观点指出，更新“意味着一代代新人的不断出现；它暗含着一种规则（imperative）——老一代教师回头照顾年轻教师，并帮助他们找到老一代教师无法看到的未来”。荣誉退休教师在确保教师发展遵循这一充满活力的（energizing）路径方面能够发挥其作用。

参考文献

Dagenais, R. J. (1990). *A study of selected ability, physical, and psychological variables and the achievement of a successful mentoring experience*. Unpublished doctoral dissertation, Northern Illinois University, Dekalb, IL.

Erikson, E. H. (1968). *Identity, youth, and crisis*. New York: W. W. Norton.

Fullan, M. G., & Stiegelbauer, S. (1991). *The new meaning of educational change*. New York: Teachers College Press.

Palmer, P. J. (1998). *The courage to teach: Exploring the inner landscape of a teacher's life*. San Francisco: Jossey-Bass.

Sheehy, G. (1995). *New passages-Mapping your life across time.* New York: Ballantine.

Steffy, B. E., & Wolfe, M. P. (1997). *The life cycle of the career teacher: Maintaining excellence for a lifetime.* West Lafayette, IN: Kappa Delta Pi, an International Honor Society in Education.

Watson. R. (1998). The need for more schoolteachers in science and math: How colleges can help. *The Chronicle of Higher Education*, 45(6), B9.

第八章 教师职业生涯周期模型的应用

（苏珊娜·H. 帕施、迈克尔·P. 沃尔夫、
贝蒂·E. 斯黛菲、比利·J. 恩兹）

在这本书中，我们试图概括出通过导致持续成长的“反思与更新”过程来实现的专职教师终身发展的特征，并鼓励这种终身发展。本书第一章描述了教师职业生涯周期模型。本书的最后一章将描述如何运用这个模型来鼓励教师在整个职业生涯中的成长。

以介绍教师职业生涯周期模型为开端，并继之以每章对一个发展期的详细阐述，我们提出了一个发展的连续体，这个连续体把各个发展期间的过渡看作是教师保持活力、明智和目标明确的一种手段。这个模型可以使教师为了所有学习者的利益而在教师生涯中终身保持卓越性。再重复一次，撰写这本书的教师和教师教育者在理论、研究、实践的基础上提出了这样一种信念，即所有的教师都能够在最初五年的教学工作中达到卓越的水准。如果获得适当的支持，通过将反思和更新作为一种推动个人和专业成长的机制，教师可以在整个职业生涯中不断地提高自身的能力。

在讨论教师职业生涯周期模型中的每一个发展期的时候，本书的撰稿者帮助我们凸显使每一个发展期与其他发展期不同的独特问题与特征；介绍了连续性的线索和对卓越教学的整体视野，这使得每个发展期与之前、之后的发展期都建立起了联系；而且还针对专业发展以及研究和实践提供了源于每个独特发展期的策略。在最后一章，如在第一章一

样，我们主要是整体地关注教师的职业生涯周期模型，以便：

- 为教师个体与教师职业的发展，提出适应所有发展期的含义与建议；
- 关注教师与对教师反思—更新的过程会产生积极影响的学习共同体的其他成员之间的关系与互动；
- 鞭策作为这个职业成员的我们去检验和实施这个将确保其实践者的发展视为这个职业主要责任之一的模型。

教师终身发展的含义与建议

能够在整个教学生涯中保持卓越性的关键，就在于一个人作为专业人员持续成长的能力。在一个强大的学习共同体中和一种积极的社会背景中，反思—更新的过程会直接促进这种成长。

保持反思—更新的过程

反思—更新过程既能够推动所有时期的发展，又能够作为一种防止退缩的干预手段。尽管教师成长过程因时间、个人以及不同时期而在不断变化，但是反思与更新的过程却是恒定不变的，并作为一种成长赖以发生的机制而运作着。

教师职业生涯周期模型的价值就在于其以一种积极的导向影响实践的能力。然而，为了将这一模型应用于辅导教师的发展，处于发展状态中的专业人员就必须了解这一模型、它的各个时期及其在职场中的发展过程。所以，教师的职业生涯周期模型和反思与更新的过程就可以作为指导实践的一个框架。

特别是，这一模型提供了：

1. 确保教师专业成长的一种手段。该模型详细说明了职业发展的入口与出口，并描述了为出入口之间提供成长方向的各个发展期。通过反思与更新，教师可以保持紧跟潮流、称职、关爱，并对每个专业发展期中的所作所为保持热情。

2. 用来设计支持教师成长的专业发展活动的一个框架。识别出各个职业生涯时期的特征能够直接推动专业成长活动，这些活动反映不同教师之间不同的发展水平，并应对他们在职业生涯中的不同需求。

3．一个必须培育和鼓励成长现象发生的过程。从一个发展期向另一个发展期的运动并不会自动发生，而是在拥有支持性的关系，以及对处于社会背景中的个体在推动反思与更新方面所发挥的作用有了清晰认识的情况下发生的。

4．教师职业在自我发展中发挥强大作用的一种新愿景。在我们的学校中潜在着大量支持教师成长的代际的、相关专业知识正等待被挖掘。运用教师职业生涯周期模型，并将反思—更新过程作为其由一个发展期向另一个发展期运动的手段，这意味着我们要承担起为教师创设能够在整个职业生涯中得以学习、成长的职场，以及利用教师的资源来促进这种成长的责任。

然而为了使专业发展能够以这些方式在生涯周期模型的所有时期顺利进行，还必须给教师提供不断从事这种反思—更新的机会与时间。学区必须满足这种至关重要的需求。

支持教师作为个体和学习共同体成员的发展

关于影响教师职业生涯周期模型的三个问题，已经在第一章中阐明，并在描述特定时期的各章中进行了详细的阐述。我们强调，我们齐心合力所能做的事情就是将这些影响积极地纳入到帮助教师在整个职业生涯成长的过程中。

认识到教师是发展中的成人

正如在其他职业中一样，在教师职业中也存在一个缄默假设，即家庭中所发生的事情与工作中发生的事情是有区别的，而且总是可以被分离的事情。在现实中，生活也进入了学校，生活中难以避免的压力与成就也构成学习共同体结构中的一部分。学校辅导员（school counselor）不仅可以在促进其学校中的学生发展中，也可以在促进成人发展中发挥作用。教师与他们的专业和教辅方面的成人同事，为了支持学校内的教师成长，也可以在建立支持团体（或许是针对具体发展期的）方面发挥作用。

学校共同体也许尤其适合在教师的退缩变得顽固、不太适合进行干预之前识别与关注教师退缩的现象。尽管每个人也许都会有一段时间不能像其他人那样投入工作，但是如果在这一过程中尽早采取行动——专业发展活动、辅导或者教师支持的机会，或者改变工作安排——也许显现出最初退缩迹象的教师是可以得到帮助的。

使学校成为成功的发展实验室

教师的职业生涯周期模型的一个主要意蕴就是从胜任各发展期的教师中受益。学徒教师受到专业型教师的指导，专业型教师被鼓励去获得专家型教师的地位，实习教师被提供一种贯穿于职业生涯的成长观点，这样一所学校对于维持一种健康、充满活力的学习环境极其有意义。当然，只有处于各个发展期的一系列人员本身并不足以鼓励专业发展。提供精心设计的辅导和训练计划，鼓励教师达到新的发展水平，承认并庆贺与发展期相关的成就，提供针对各个发展期的专业发展活动，通过这些在各个发展期之间建立清晰的联系，将会更有益于促进成长。同样地，调整工作负荷以及在期望值和评价体系方面进行区别对待，这也与从职业生涯周期的视角来看待学校是一致的。

将矛盾作为鼓励成长的一种手段

发展的观点鼓励将矛盾看作促进成长的一种手段，而不是将矛盾看成是对学习共同体的一种必然破坏，因为矛盾能够鼓励和支持对各种问题和忧虑的识别和解决。经历了与个人观点的冲突往往是发展期之间过渡的标志。专业型教师与专家型教师看待一种情境的方式可能并不是同样的。在讨论替代性视角的过程中，专业型教师也许就开始达到一种新的发展水平。在得出解决办法之前讨论不同的观点，是帮助人们转向新的思维和行动模式的有益方式。

将社会背景作为影响教师发展的一种力量

我们生活和工作的背景以及我们所处的情境，在决定我们成为哪一种人和专业人员，以及如何践行各种角色这些方面都起着不可或缺的作用。在教师职业生涯周期模型中，社会背景是影响教师发展的重要变量。在此，有三个问题是尤其需要考虑的，因为它们一直在学校中发挥着作用。

应对变化的常量

学校是一个要求很高，而且往往又是模棱两可的职场。对教师知识与技能的期望频繁被修订，对教师达到新的期望水平的支持却又经常不能够及时提供。我们必须通过职前培养计划与各个发展期的专业发展活动来提供一些手段，以协助教师去应对职场和期望水平的变化。正如我们已经看到的那样，杰出教师通常认为自己是“有弹性的”(resilient)，能够应对许多新的需要。在近几年，我们已经了解了大量有关儿童身上的弹性的知识，这或许也可以应用于教师弹性的培养。在培养弹性过程中，提供支持性关系至关重要。同样，为教师做好各种准备会使教师在有关课程、计划、学校风气及其他预期变化方面作出更明智的决定，并有益于改进应对策略。

建设有效的学校文化

我们强烈提倡将教师职业生涯模型用作学校改善的一个框架。结构、工作负荷、氛围、课程以及人际互动等问题，也许都可以放在该模型的发展期的背景中得到审视。这种受背景因素影响、遵循发展期顺序的成长机会，在学校中必须以建设一种可以促进学校共同体所有成员学习的学校文化的方式来提供。

综合内外社会力量

影响教师成长的因素并不仅仅只有当地社会环境中的文化与风气。关于颁发许可证（licensure）与换发新证的各州政策，提升对教师表现与学生成绩的国家期望，诸如学校教育券方面的运动，以及应对诸如暴力、宗教、毒品之类的社会影响因素，所有这些都影响学校教育和教学的性质。学校与大学、当地社区机构的伙伴关系可以减少内外部社会力量之间的隔阂，会有助于将协作互动作为一种解决关切的手段。

将连续性的线索融入教学

尽管教师职业生涯周期模型的每一个渐进发展期都是不同和独特的，但是每一个发展期也都是建立在前一时期基础之上，并且也为后一时期提供了基础。但是，这些发展期之间的连续性并不限于它们相互之间的连续关系。每个发展期都由关于卓越性的共同愿景和关于支持成长的各种因素的表述联系了起来。

关于卓越性的共同愿景

在这个模型的每一个渐进发展期，教师都作为称职、关爱、合格的专业人员持续地发展着。对于这些特征的界定也都随着每个发展期的递进而发展和变化。接下来的内容是确保对于卓越性的共同愿景和对于各发展期以及个体间差异的尊重将构成教师职业生涯特征的三种方式。

确定适用整个职业生涯的卓越性标准并采取一些手段帮助教师达到这些标准

教学与美国未来全国委员会（NCTAF，1996）就是一个通过基于标准的方式来鼓励教师在各个职业生涯时期发展的例子。通过明确教师在其职业生涯的各个不同发展时期要达到的各种标准，教学与美国未来全国委员会认可并提出了满足为教师提供发展性生涯路径需要的方法。例如，在实习教师期参与教师教育的机构可以通过获得全国教师教育鉴定委员会（the National Council on Accreditation of Teacher Education）的认可来达到卓越性标准。学徒时期的教师个体标准也可以通过州际新教师评价与支持合作体（Interstate New Teacher Assessment and Support Consortium）来进行评估。专家型教师期的标准可以通过专业教学标准全国委员会的认定来获得（NBPTS，1994）。

创建促进持续成长的学校

专业发展学校（PDS）运动注重于将学校改变成为有益于其所有成员发展与学习的学习共同体。通过综合学校与大学的教师、教师教育者、管理者以及其他社区伙伴的资源，专业发展学校力图直接、系统地解决职前培养、教职员发展（staff development）和学校改革问题。

依靠对教师发展的高度投入并使之与具体情境相配合

教师的职业生涯周期模型使得教师发展成为改善整个教师职业的核

心焦点。这样，它就包含了其他方式，并能够为了服务于学生的学习与发展而提供一种促进教师成长的方式。明确地关注每个发展期的核心问题有助于我们设计有效的教师培养和专业发展计划，创设满足教师和学生需求的学校环境，为促进每个发展期的成长提供机会和时间，因此能够保持一个充满活力、积极的、热情的教师队伍。

支持成长的因素

教师职业生涯周期模型的每个发展期都具有维持和鼓励成长的特别因素。在所有发展期中，其中有两个因素是阻止退缩的需要和提供专业发展活动以促进教师由一个发展期向另一个发展期发展。

对这些阻碍成长或导致退缩的因素进行回应的最重要方式就是承认它们在各个发展期和在教师职业中的存在。如果我们想阻止未来的教师远离教师职业，并使那些留在教师职业中的教师在整个职业生涯都保持活力，那么承认并关注各个发展期的退缩根源就至关重要。与深层或者顽固的退缩相比，初期的退缩较容易处理。承认退缩的存在，并识别其存在的迹象是以生涯周期模型为基础的教师专业发展计划的重要内容。同样地，拥有有效的干涉计划和活动，也许最有助于阻止教师的脱离与退缩。

正如前面几章中所阐述的那样，每个发展期中的教师关切点都有可能产生抵制持续运用反思—更新过程的效果。对于设计用来支持持续成长的专业发展活动和实践方面的建议，呈现在本书后面的附录之中。

为了维系教师在整个实践连续体中的发展，我们必须承认并祝贺教师职业生涯周期模型的各个时期之中和之间取得的能够标志个人和专业发展的成绩。例如，实习教师通常是满怀理想地进入教师职业，但却缺乏信心。因此，祝贺他们的成功并以此为基础，也许会推动他们向下一个时期发展。

影响教师职业生涯周期模型应用的关系

尽管个体教师的反思—更新过程在生涯周期模型中是作为一种鼓励成长的机制而运行的，但是这一过程不会也不可能独立于他人而存在的。反思与更新也许是个人性的，但是鼓励反思与更新的环境却是人际性的。

关键性关系

牢固的人际关系对于专业发展来说至关重要。在运用教师职业生涯周期模型时所要考虑的关键性关系包括教师与学生、教师与同事、教师与教师教育者、教师与管理者的关系。

教学或者学习过程中的核心关系，以及在有关教学、学习和学校教育的文献中被最频繁和充分讨论的关系，自然就是教师与学生之间的关系。但是从生涯周期的视野来看，关于学生发展与可能会对学生的学习和发展产生积极或消极影响的教师发展之间的交叉点，却鲜有讨论。一位希望马上取得成功的高期望值学徒教师在维持其对教师职业的奉献投入的过程中，在教一个规模特别大的班级，遇到一群学习需求极其复杂多样的学生，或者在一个缺乏同伴互导计划或者不能提供足够行政支持的学校环境下工作的时候，可能会经历特殊的困难。一位因为感到没有充分的发展机会而经历初步退缩的专业型教师，当被要求帮助年轻人形成身份认同的时候，也许会感到特别无能为力。

教师同事间的支持和参与对于反思—更新过程是否被内化，或许会产生最显著的影响。处于同一发展期的教师相互之间发挥着榜样和必要的支持体系的作用，从而为大家彼此讨论成就和构成该发展期特征的各种关切提供一种网络。这种互动从职前教育之初就必须得到鼓励，并一直贯穿于整个教师职业生涯。处于各个发展时期的教师之间的关系使得为经历各个发展期而发展的教师提供指导、支持以及对未来可能性的愿景成为可能，这也构成确保学校的教职员由多元发展水平的教师组成的重要论据。而且，将教师领导作为提升学校水平和使优秀教师留在课堂的一种手段加以培育的重要策略，是源于职业教师生涯周期模型及其所强调的角色随时间变化而产生的区别。这种模型为帮助教师实现从专业期向专家期，以及由专家期向杰出期的过渡提供了一种框架。伴随每一个这样的过渡，教师在他们的学校中为了推动教师职业的发展而承担起了额外的领导责任。

正如那些主要负责提供职前培养课程、持续的专业发展课程、高级学位课程的人一样，教师教育者都拥有特殊的机会和责任去思考与关注每个发展期的相关问题及在示范和强化反思—更新过程中存在的问题。生涯周期模型建议教师培养与教师发展计划应该为实习教师面对作为教师就选择了承担复杂任务的现实提供坚实的基础；帮助学徒教师实现由“实习生”向“学生的教师”过渡；提供专业型教师维持成长所必需的专业知识；为专家型教师提供获得专业教学标准全国委员会资格证书的方法；鼓励杰出教师在教师教育与领导方面承担新的角色；邀请荣誉退休教师帮助设计、提供和评价教师教育计划与创举（initiative）。

教师越来越被要求对学生的知识和行为负起责任。教师教育者在这种背景下有义务与他人合作，通过为教师提供重视结果甚于投入的教师教育项目来支持教师满足地方、州以及国家的行为标准。最后，在他们的学校——特别是在专业发展学校——的工作中，教师与教师教育者必须共同将他们的关系重新界定为以相互尊重和相互依赖为基础的关系，并将他们的角色重新界定为在整个教师职业生涯中参与教师教育过程的平等合作的专业人员（collegial professional）。

教师与管理者之间的关系，对于确定反思—更新过程与经历各发展期向前发展的系统过程在学校中是受到鼓励还是阻碍，至关重要。在每个发展期，管理者都有机会和责任去处理每个发展期的特殊需求，为教师由一个发展期向下一个发展期前进提供支持与确认，并在出现退缩的时候施加干预。在聘任和进行教师入职指导时，学校管理者必须承担起主要的责任。通过开放学校而在培养职前教师方面与大学建立伙伴关系来为下一代负责，也是学校管理者支持教师发展的方式之一，同时这也为学校找到适合教师职位的候选人提供了机会。专业型教师，教师职业中有能力、可靠的专业骨干，需要来自管理者的支持以维持他们的有效性并向专家期过渡。由于他们很少会带来什么麻烦，所以往往被等闲视之。因此专业型教师也许很容易退缩，除非他们的贡献得到重视和承认，并且获得能够确保其持续成长的、适应其发展期的专业发展活动。专家型教师也许会向管理者关于专家型教师角色的传统观点提出挑战；然而，共享决策与领导权是维持学校活力所必需的。管理者也必须被赋予反思与成长的机会。行政管理人员培养项目必须培养（他们）理解教师发展以及如何去支持这种发展。同时，这些计划也必须为处于不断变化环境中的管理者提供支持。

创建学习共同体

尽管关于将学校创建为学习者共同体的重要性，近期已经有很多讨论（Lave & Wenger，1991；Palincsar，Magnusson，Marano，Ford，& Brown，1998），但是很少有人关注用一种发展的眼光来组织、推进这种概念的相应策略。教师职业生涯周期模型的一个最重要意蕴就在于此。如果牢固的、支持性同事协作关系能够促进反思—更新过程，从而鼓励并推动教师在教学职业生涯周期各个时期的发展，那么我们就必须认识到学校关系的核心地位，并直接采取措施帮助参与者长期有效地开展合作。

要求教师职业确保教师的终身发展

教学的成果反映在学生的成长与发展之中。为了实现学生成功的目标，教师必须和学生一起持续更新与成长。这种成长只有在一种支持的、合作的、反映灵敏的日程安排（responsive scheduling）体系中才能够出现。

获取支持

在整个教师职业生涯周期模型的所有发展环节上，教师都需要支持来维系成长。在一种新的文化环境中适应新工作要求的新任教师，通常在学校中承担着最为艰难的任务。他们需要接受辅导计划的培训、获得支持团体的支持和参加针对达到入职指导标准的专业发展活动。同样地，专业型教师需要人们承认他们的成就与可靠性，并支持他们担任辅导教师和领导者的新角色，他们需要能够参与适于他们达到专家型教师身份的专业发展活动。如果管理者想要把在整个职业生涯保持卓越性的愿景付诸实践的话，那么他们必须将提供与发展时期相关的支持视为教师的权利而非一种特权。多样化的支持资源也是很必要的；一些成长机会可以出现在学校中并由学校来提供，而另一些机会则可以通过与大学和社区建立伙伴关系来提供。

合作与同事间的互动协作（collaboration and collegiality）

在一种相互支持的环境中共同工作是在整个职业生涯中确保发展的

最有效方式。但是，这种合作的培育与习得，必须从职前教育开始持续到整个职业生涯过程之中。教师职业生涯周期模型的运用提供了一种促进教师间互动合作的手段，因为它强调了处于不同发展期的教师之间和处于同一发展期的教师之间的关系在为教师从实习期向专家期发展过程中的反思、更新和发展提供动力和支持方面发挥的作用。关注建立教师领导、共享决策的专业发展活动与计划，是支持发展与保持合作的手段。学校共同体内部以及学校与其他社群（包括高等教育社群）之间的伙伴关系，也是鼓励合作的有效策略。

作为关键性资源的时间

时间是学校中的稀缺资源。然而，发展中的教师需要时间去反思，需要时间去备课，需要时间去与同事一起解决共同感兴趣的问题。如果我们希望贯彻关于教学卓越性的愿景的话，那么我们就必须乐于设计如何利用学校的时间安排以满足这些需要。提供备课时间，在工作日安排专业发展活动时间，以及为了那些常年工作在教师岗位因而需要一段时间去更新的教师提供带薪休假，这些都是我们在教师职业中必须重新界定时间的方法。专业发展中的伙伴关系也可以成为教师反思和参与更新活动的另一个重要时间来源。这些情境中的革新计划可以将教师教育发展计划与支持计划加以综合。正如一些革新伙伴关系所展示的那样，当学徒教师与专家型教师参与学校工作日期间的专业发展计划的时候，实习教师也许会得到管理整个班级的经验。专家型教师也许是这些计划的领导者，他们独自工作，或者与来自教师教育伙伴机构中的同事进行合作。

展望未来：教师职业生涯周期模型的益处

本书的所有章节都发出独特的声音——正如教师一样——并且与关于教学卓越性的共同愿景保持联系。本书中所呈现的观点为审视整个职业生涯期间的教师和教师职业的发展提供了一个框架，并且也提供了确保这种发展能够为教师和学习者利益而在任何地方发生的一种机制。

作为实习生进入教师职业，并在经历了学徒期和专业期的发展以后，达到了与众不同的专家期与杰出期的教师，他们能够终身保持教学的卓越性。他们体现了教学与美国未来全国委员会（1996）关于伟大教师的愿景。而且，那些致力于推动教师职业发展的荣誉退休教师，很显然已经内化了我们期望教师队伍具备的最佳品质。

教师职业生涯周期模型提供了一个确保所有学生都能够获得称职、关爱、合格的教师的教育的框架。运用该模型所带来的益处包括如下内容。

- 教师会知道，教师生涯涉及持续的成长以及一种设法确保自己走向专家期、杰出期的意愿。
- 管理者会通过满足教师在不同发展期的需求来支持反思—更新过程。
- 到达新的发展期的教师会获得承认和祝贺。
- 学校的学习环境会被改变为学习共同体，在这个学习共同体中，学生、家长、教师以及管理者都参与到不断的学习周期之中。
- 处于退缩状态的教师会被鼓励去反思他们的成就和当前的需要，并会获得成长的机会；不愿意成长的教师在这个体系之中是不能够被容忍的。
- 进入教师职业的教师会得到辅导，继续留在这一职业中的教师也会获得随后发展期中持续成长所需的管理者与同事的支持。

我们认为，运用教师职业生涯周期模型的这些益处，要求教师职业要将该模型视为一个能够前瞻性地审视、关注教师在专业实践连续体中的各种需求的框架来予以实施。现在正是时候，学生仍然值得我们付出努力，教师职业可以按照在终身的教学实践中始终保持卓越性这一愿景来留住教师，并使他们不断得到更新。

参考文献

Lave, J. , &Wenger, E. (1991). *Situated learning: Legitimate peripheral participation.* Cambridge, England: Cambridge University Press.

National Board for Professional Teaching Standards. (1994). *What teachers should know and be able to do.* Detroit: Author.

National Board for Professional Teaching Standards. (1996). *What matters most: Teaching for America's future*. New York: Author. ERIC ED 395 031.

Palincsar, A. S., Magnusson, S. J., Marano, N., Ford, D., & Brown, N. (1988). Designing a community of practice-Principles and practices of the GISML community. *Teaching & Teacher Education*, 14(1), 5 – 19.

附　录

讨论每个专业发展期的独特需求：发展期相关的关切点和所建议的专业发展实践

实习教师期

关切点：实现由学生向教师、由学习向工作的过渡。

建议：教师教育者必须示范反思性实践，并在大学课程中通过如下方式来指导实习教师：

- 将先前经验和观念与新知识联系起来
- 提供由理论转化为实践的明晰范例
- 提供反思过程方面的教学与实践——案例研究、自传、日志

关切点：应对课堂生活的现实。

建议：教师教育者或者辅导教师必须提供明确的指导，示范在各种各样的实习场所中进行课堂管理的基础，以使其经历如下机制：

- 组织教学内容
- 执行并维持班级规章制度

- 评价并分享学生的成绩——成绩报告卡、档案袋、书面叙事

关切点：发展教学技能与行为管理策略。

建议：教师教育者或者辅导教师必须在安排实地实习（field experience）之前就教给实习教师课堂观察的技巧。这将使得实习教师能够：

- 建立一个专业词汇表
- 在教师行动与学生行为或成绩之间建立因果关系
- 评价其他教师的授课计划、授课过程及其影响
- 恰当评估自己的教学表现

学徒教师期

关切点：感觉被全职责任压得喘不过气来。

建议：教师教育者、辅导教师以及管理者必须在那一年里提供按照发展顺序安排的，并具有如下特征的研习会：

- 是及时的，并提供充足的信息
- 是明晰的，并包括不同的教学模式与具体的学习方式范例
- 适应个体的需求

关切点：感觉到在学校之内有一种胜任且被接受的需要。

建议：有准备的辅导教师通过如下方式来提供针对特定背景的信息：

- 检视学区课程指南，提供授课的成功方法
- 识别与确定恰当的教学资源与资料
- 通过一种团队的方式来回应学徒教师日常工作中出现的需要

关切点：质疑职业选择。

建议：学徒教师同辈群通过如下方式提供了心理支持：

- 确认共同的关切与需要
- 召开解决问题的会议，并确定合适的解决办法
- 在学校和学区建立一种社群感

- 分享有效的理念、资料以及策略

关切点：处理学校、学区忽视学徒教师的问题。

建议：建设可以提供如下便利并有益于新教师的学校：

- 对新教师来说是最适宜的工作量
- 理想的班级/学生配给
- 持续支持新教师的综合入职指导计划
- 在一位训练有素的辅导教师指导之下咨询和观察其他教师的时间

专业型教师期

关切点：处理对教师职业的厌倦以及缺乏专业成长的问题。

建议：因为专业型教师必须拓展、精炼他们的教学实践，因此他们需要具有如下特征的专业发展机会：

- 支持个人反思——这一过程为专业教学标准全国委员会所认可
- 提供同事间相互学习的时间与机会
- 源于他们个人的专业目标和兴趣
- 建立在最新研究与最佳实践基础上

关切点：消除专业孤立。

建议：管理者必须认可教师作出的持续贡献，并有意识地为教师之间的互动设计、安排好时间，包括：

- 每周/每日与同伴集体备课的时间
- 同伴之间观察与反馈的时间
- 参加专业会议和研讨会的资金支持
- 与同事之间互联网上的互动

关切点：处理职业成长机会缺乏的问题。

建议：在大多数专业性职业中，工作责任的爬升阶梯是经由对头衔与薪水的提升来确认的。由于教师职业并非如此，因此，专业型教师需要人们对其扩展的知识和技能的认可，这些也许可以通过鼓励这些教师去从事如下工作来实现：

- 在学校和学区范围内的同伴互导小组
- 领导校本在职研习会
- 开发学校或者社区共享的学习单元
- 与大学合作，在早期实习阶段培训职前教师

专家型教师期

关切点：找到专业成长的时间。

建议：专家型教师需要时间和学区的支持以继续他们的专业成长，包括：

- 提供在上课期间和课后参加专业会议的时间
- 鼓励出席州和全国性会议
- 提供带薪休假以继续接受教育

关切点：满足分享专业才能的需要。

建议：管理者与教师教育者必须让专家型教师参与到职前教育与入职指导计划之中，包括：

- 支持制作在研讨会上共享的示范课程录像带
- 与大学教师合作开设教学方法课程或者举办在职演习会的机会
- 在教学实践中担任实习教师或者学徒教师的辅导教师
- 为专业杂志撰写文章，分享课堂经验与方案

关切点：处理职业成长机会缺乏的问题。

建议：如专业型教师一样，专家型教师也需要人们对其拓展性、非凡的知识和技能的认可，这也许可以通过鼓励这些教师做如下工作来实现：

- 在学校或学区内协调同伴互导小组
- 确定并组织学区的在职研习会
- 开发学区共享的学习单元
- 作为校本管理团队成员参与行政管理决策

杰出教师期

关切点：找到反思的时间与学习的机会。

建议：因为杰出教师需要时间以及学区的支持，以继续其专业成长，因此学区应该鼓励他们：

- 既作为一位出席者，又作为一位发言者，参加专业会议
- 在全国性组织中担任领导角色
- 在全国性研讨会上举办演习会或者提交论文
- 利用带薪休假继续接受教育

关切点：满足分享专业才能的需要。

建议：管理者与教师教育者必须让杰出教师参与到如下活动的研发与讲授中：

- 以实习教师、学徒教师为对象的大学课程
- 专业型教师的硕士研究生水平课程
- 与教师职业共享的示范课程录像
- 为各种发展水平的教师开设的教学方法课程或者在职讨习会
- 对实习教师、学徒教师的辅导活动
- 为专业杂志撰写文章

关切点：提供越来越多的专业挑战。

建议：杰出教师需要新的挑战以激发其反思—更新过程，这也许将鼓励这些教师做到如下方面工作来实现：

- 在学校、学区内以一种新的水平进行教学
- 如果条件适宜的话，教授一个高难度的（high-risk）学生群体
- 为学区审查（review）国家课程标准
- 作为立法实体成为教育或者解决青少年相关问题方面的顾问

荣誉退休教师期

关切点：寻找作贡献的机会。

建议：可以给荣誉退休教师提供为公共学校系统作贡献的诸多途

径，包括：

- 以一对一的关系辅导处于危险中的学生
- 辅导学徒教师
- 担任代课教师
- 担任地方教育委员会的成员
- 志愿担任扫盲教师

关切点：应对新的角色与责任。

建议：管理者与教师教育者可以让荣誉退休教师参与：

- 为实习教师与学徒教师而发展和组织起来的研讨班
- 为专业型教师讲授硕士研究生水平的课程
- 指导实习教师
- 为学校全体职员提供在职研习会的机会
- 担任学徒教师的辅导教师

关切点：提供新的、不同的专业挑战。

建议：荣誉退休教师处于一种为教师职业代言的位置，他们应该受到鼓励去：

- 就教育和青少年相关问题去游说州和国家立法机构
- 为本地学区担任咨询委员会委员
- 担任州和全国性教育协会的官员
- 在有关教育和青少年问题方面，担任立法机构的顾问

汉译人名对照表

——（以英文姓名字母顺序为序）

英文人名	中文译名
Ammon	安蒙
Anthony	安东尼
Apple	阿普尔
Ash	阿什
Bell	贝尔
Berliner	伯利纳
Bernstein	伯恩斯坦
Betty E. Steffy	贝蒂·E. 斯黛菲
Billie J. Enz	比利·J. 恩兹
Bolin	博林
Boud	波德
Bowman	褒曼
Brandt	布兰特
Brock	布罗克
Buchmann	布克曼
Carl Rogers	卡尔·罗杰斯
Carter	卡特

Clara	克拉拉
Cole	科尔
Dagenais	达根耐斯
Darling – Hammond	达林 – 哈蒙德
Darrow	达洛
Dawn	道恩
Denise LePage	丹尼斯·莱佩奇
Densmore	登斯莫尔
Dewey	杜威
Diane S. Murphy	黛安·S. 墨菲
Dickens	狄更斯
Ebenezer Scrooge	埃比尼泽·斯克鲁吉
Emily	埃米莉
Erikson	埃里克森
Fenwick W. English	芬威克·W. 英格利希
Fried	弗里德
Gail Sheehy	盖尔·希伊
Gardner	加德纳
Gary DeBolt	加里·德博尔特
Gehrke	格尔克
George E. Pawlas	乔治·E. 波拉斯
Giebelhaus	盖布尔豪斯
Gilbert	吉尔伯特
Goodlad	古德莱德
Grady	格雷迪
Grant E. Mabie	格兰特·E. 梅比
Grimmett	格里麦特
Harry	哈里
Henry	亨利
Holt-Reynolds	霍尔特 – 雷诺兹
Huberman	休伯曼
Huling-Austin	赫林·奥斯汀

Jamison	贾米森
Jane S. Bray	简·S. 布雷
John Maddaus	约翰·麦道斯
karen Allen	卡伦·艾伦
Karen Klutzke	卡伦·克卢茨克
Kathleen R. Weber	凯思琳·R. 韦伯
Kathy	基西
Keogh	凯奥
Klein	克莱因
Klindienst	克林丹斯特
Knowles	诺尔斯
Kohlberg	科尔伯格
Kottkamp	考特凯姆
Kuhn	库恩
Lasley	拉斯利
Levin	莱文
Levinson	莱文森
Liston	利斯顿
Loevinger	洛文格
Marczely	马克泽利
Margo Black	马戈·布莱克
Mark	马克
Mary	玛丽
Mary C. Clement	玛丽·C. 克莱门特
Mckee	麦基
Mackin	麦金
Michael J. Berson	麦克尔·J. 伯森
Michael P. Wolfe	迈克尔·P. 沃尔夫
Nicholas Drake	尼古拉斯·德雷克
Noddings	诺丁斯
Osterman	奥斯特曼
Palmer	帕尔默

Pamela A. Kramer	帕梅拉·A. 克雷默
Patricia H. Phelps	帕特里夏·H. 费尔普斯
Piaget	皮亚杰
Polly Wolf	波利·沃尔夫
Presswood	普雷斯伍德
Ratzlaff	拉茨拉夫
Raymond J. Dagenais	雷蒙德·J. 达吉奈斯
Richard W. Riley	理查德·W. 赖利
Rick A. Breault	里克·A. 布劳尔特
Romerdahl	罗默达尔
Ron	罗恩
Rust	拉斯特
Ruth D. Campopiano	鲁思·D. 坎波皮阿诺
Sarah	莎拉
Schön	舍恩
Schwille	施威尔
Suzanne H. Pasch	苏珊娜·H. 帕施
Tabachnik	塔博奇尼克
Tom	汤姆
Veenman	温曼
Vincent R. McGrath	文森特·R. 麦格拉思
Vygotsky	维果茨基
Walker	沃克
Weinstein	温斯坦
Wideen	威迪恩
Wolfe	沃尔夫
Zeichner	泽兹纳

译后记

促进教师专业发展，提高教师专业素质，是近年来我国教育发展的一个重大课题与热点问题。然而，要促进教师的持续发展，提高教师的专业素质，探寻和把握教师专业发展的过程及其规律是一个重要前提和基础。因为只有探寻并遵循教师专业发展的规律，教师专业发展的自我谋求与促进活动才能更加有的放矢，富有成效。然而，为了促进教师在各个时期持续发展，终身保持卓越的水准，仅仅了解和把握教师的发展规律自然是不够的，基于教师发展的规律，建立确保教师专业成长的机制，选择适当的发展策略也是必不可少的。而且，机制与策略是否有效，还受到维系或阻碍教师成长的一系列因素的影响。可见，要真正促进教师的专业发展与持续成长并非易事，它需要一种对教师整个职业生涯从发展过程、发展规律、成长机制、促进策略与影响因素等多个维度的全盘考察与统整规划。由贝蒂·E. 斯黛菲（Betty E. Steffy）、迈克尔·P. 沃尔夫（Michale P. Wolfe）、苏珊娜·H. 帕施（Suzanne H. Pasch）、比利·J. 恩兹（Billie J. Enze）主编的《教师的职业生涯周期》一书恰好可以完全满足这一要求。

在本书中，作者提出了一个描述、促进和激励教师持续发展、终身保持卓越的教师职业生涯周期的模型。该模型作为一个指向教师在每个渐进时期的发展方向和发展水平的连续体，不仅描述了教师从实习期一直到退出教职的全部职业生活，揭示了教师在每一个递进的职业生涯发展时期所体现出的专业特征，所要完成的任务和面临的冲突，以及支持教师成长和导致其退缩的制约因素，而且还在探讨各个发展期之间的联系并强化教师在整个职业生涯的联系性发展线索的基础上，提出了一个促进教师持续成长的机制——反思与更新机制。作为此模型的核心，反思与更新机制可以帮助教师将其教育思想、信念与教育行为联系起来，将其专业知识和能力与预期发展愿景联系起来，并引导教师为了这一愿景的实现而不断反思并自主追求发展，从而防止其出现生涯危机或陷于退缩，进而保障其在整个职业生涯保持卓越。不仅如此，该著作还针对教师在每一时期的发展所面临的独特问题提出了激励其成长的建议或策略。

本书共由八章内容组成。第一章主要从整体上介绍教师职业生涯周期的模型，提出讨论各个教师发展期的框架和内容维度。第二章至第七章考察了生涯周期模型中的六个发展期，这些发展期包括：实习期、学徒期、专业期、专家期、杰出期以及荣誉退休期。每一章都集中考察一个发展期，运用案例研究来描绘该时期教师发展的内容与任务的特征，提出与该发展期相关的问题，并关注该时期的反思、更新和退缩的性质。每章都凸显了这一发展期的独特问题，并揭示促进教师在每一时期向下一个时期过渡和发展的连续性线索。不仅如此，在每一章中，作者还提出了激励教师在每一发展期实现持续专业成长的建议。结论章又回归到对教师职业生涯周期模型的整体关照。它包含对于教师在整个职业生涯的个人成长与专业成长，整个实践连续体中的教师教育以及教师职业的持续提升等方面的启示与建议。

应该说，《教师的职业生涯周期》所提出的教师职业生涯周期模型提出了一个贯通教师职业生涯的发展理论。该理论可以作为教师发展的一个标尺，一个指导其发展实践的框架，一个有待其实施的生涯发展规划：它可以引导和激发教师为了成为称职、关爱、合格的教师而在整个职业生涯中不懈努力，从而达到终身保持卓越的目标。不仅如此，该著作也可以帮助管理者关注到教师在不同发展时期的独特需要，进而适时、适切地为教师提供支援和协助，从而促进教师的反思、更新与成长。

在我国的教师教育理论与实践中，我们不仅需要不断丰富对教师发展规律的认识，更需要借鉴和拓展能够在实践中引导我们切实促进教师反思、更新与成长的机制、策略方面的思路和视域，为此我们将这样一本在教师教育研究领域具有重要理论与实践意义的著作翻译、引介给大家，希望该著作作者们的深刻思想和理论能够为我国教师教育研究的同人、中小学教师们所共享并从中获得启发和激励。为了我们挚爱的教育事业，让我们共同合作、不断反思、追求更新与成长，并终身保持进取和卓越！

本书的翻译工作由杨秀玉和赵明玉合作完成。其中第一章、第二章、第三章、第四章、第八章由杨秀玉、赵明玉共同翻译。前言、致谢、第五章、第六章、第七章由赵明玉翻译。饶从满教授对全书进行了仔细的校译。

由于译者的能力和水平有限，加之国内对教师发展期研究的相关人名、术语的翻译缺乏一致性，因此，为了方便读者的理解与参考，本书在相关术语首次出现时附上了原文，在本书的末尾附上了中英人名对照表。此外，考虑到读者会对书中的一些信息感到生疏，译者还添加了译注。希冀这些工作会对读者的阅读与研究产生些许裨益。

在本书的翻译过程中，饶从满教授提供了悉心指导与大量的帮助，在此深表感谢！同时也感谢人民教育出版社的有关领导和编辑为本书的出版所付出的努力！虽然在翻译过程中，译者力求将原作的深刻思想准确而完整地呈现出来，但由于能力所限，不当之处在所难免，敬请各位读者批评指正。

译者

2010 年 5 月